박경호헬라어번역성경

REVELATION
New 요한계시록

심판과 재림

"전무후무한 성경"

"KJV 및 개역개정의 오번역을
헬라어 원어로 완벽하게 정정한 성경"

세계 최초 1:1 대응 번역

헬라어신약 스테판(1550년)
한글 번역 및 1:1 대응 수정(박경호, 2022년)

부록 : 박경호헬라어스트롱사전(1:1 한글 대응)

히브리어 헬라어 번역 출판사

역자 박경호

1986년 서울대학교 졸업
1989년 서울대학교 대학원 졸업

현) 베다니 히브리어&헬라어 번역원 원장

번역출판물
박경호헬라어번역성경
(New마태복음, New누가복음, New마가복음, New요한복음, 요한계시록)

NEW

요한계시록

개정판 1쇄 발행 2022년 03월 18일

역　자 박경호
펴낸이 유애영
펴낸곳 히브리어&헬라어 번역 출판사
디자인 주식회사 북모아
인쇄처 주식회사 북모아

출판등록번호 제2020-000143호
전　화 010-3090-8419
주　소 서울특별시 서초구 본마을길 55-1 지하 1층
팩　스 070-4090-8419

ISBN 979-11-972349-4-1

가격 69,000원

머리말

요한계시록을 처음 접하시는 분들이 공통적으로 언급하는 것은,
도저히 이해할 수 없는 난해한 책이라는 것입니다.

맞습니다!
요한계시록은 도저히 이해할 수 없는 책인데,
그 이유는 3가지 사항에 근거합니다.

1. 요한계시록의 잘못된 번역 때문입니다.

　개역개정 성경의 수많은 오번역으로,
　히브리어 및 헬라어의 원래 의미를
　정확하게 이해할 수 없도록 힘들게 번역했는데,
　특히,
　요한계시록의 번역은 최악이라 할 수 있습니다.

2. 요한계시록은 성경전체의 결론이기 때문입니다.

　구약을 정확하게 이해하지 않고는,
　신약을 정확하게 이해할 수 없는 것처럼,
　창세기부터 요한1,2,3서까지를
　정확하게 이해해야만 계시록이 이해될 수 있는 것입니다.

3. 요한계시록은 말그대로 계시이기 때문입니다.

계시란,
성경을 통한 계시와 하나님의 직접적인 계시를 말하는데,
하나님의 직접적인 계시도,
성경에서 이미 나타내신 계시의 해석과 동일한 것임은 물론이며,
하나님께 직접적인 계시를 자주 받은
요셉이나 다니엘처럼 해석의 능력을 갖춘 자가
좀 더 쉽게 이해할 수 있기 때문입니다.

그렇다고,
요한계시록의 모든 내용이 난해한 것은 아닙니다.
일곱 인/일곱 나팔/일곱 대접 부분에서나 난해하지,
이 외의 부분은, 다른 성경의 난이도와 큰 차이가 없습니다.

중요한 것은!
요한계시록의 잘못된 해석의 결과,
임박재림, 휴거, 대환난, 666 등에 대한 잘못된 이해로,
전혀 성경적이지 않은 내용이 대한민국과
전 세계를 오염시킨 것입니다.

요한계시록은,
성경 65권에 없는 전혀 새로운 내용으로 구성된 것이 아니며,
이미 성경65권에 나온 내용을 계시 곧 그림으로 보여주는 책이지,
색다른 내용이 전혀 없다고 보셔도 과언이 아닙니다.

요한계시록을 통하여
구원과 복음전파와 복음을 받지 않는 자들에 대한
심판과 천국지옥, 재림천국, 하나님의 보좌를
좀 더 REAL하고, 생동감있게 접할 수 있으며,
재림을 통해,
모든 인류와 마귀를 심판하시며,
마귀과 그의 추종 천사들과 그를 따른 영혼들과 그 본거지인 지옥을,
불의 호수로 진멸하시고 새 하늘과 새 땅으로 막을 내리기에,
[심판과 재림]이라는 부제목을 달았습니다.

박경호헬라어번역성경 요한계시록이 이미 출판되어 판매되는 중에,
[박경호헬라어번역성경 New요한계시록]을 출판하는 이유는,
박경호헬라어번역의 원칙인 '헬라어 대 한글'이
완벽하게 "1:1대응"으로 적용되어,
원어의 의미가 훨씬 더 선명하게 드러났기 때문입니다.

모든 성경은,
하나님밖에는 쓸 수 없는 내용이며 표현양식입니다.

이제 [박경호헬라어번역성경 New요한계시록]을 읽게 되면,
인간의 상상력으로는 도저히 기록할 수 없는
성경적 표현에 탄성을 지르게 됩니다.

더 중요한 것은,
'무엇 때문에 지옥에 들어가는지?'
그 이유가 선명하게 드러나,
하나님의 영원한 심판 앞에 경건된 두려움으로
우리 영혼이 사로잡히게 됩니다.

1:1한글 대응으로,
헬라어 한 단어에 신약성경 전체를 관통하는
한글 한 단어를 선정하였기에,
[전무후무한 성경]이란 부제목을 달았습니다.

KJV 및 개역개정의 수 만개의 오번역이 수정된 이 책은,
분명 **예수님**의 작품입니다!

[베다니 히브리어&헬라어 번역원 원장] **박경호**

목차

NEW

REVELATION

장

1절~11절 [개역개정, KJV 1:1~1:20]

요한계시록 = 예수 그리스도의 계시

1장

NEW
요한계시록

1   예수 그리스도의 계시, 이것은 신속히 되어야 하는 일들을 자기 종들에게 보여주시려고 하나님께서 그분께 주신 것이며, 하나님의 말씀과 직접 본 예수 그리스도의 증거를 증거한 자기 종 요한에게 자기 천사를 보내어 표적화시킨 것입니다.

2   읽는 자와 예언의 말씀을 듣는 자들과 그 안에 기록된 것들을 지키는 자들은 복있으니, 때가 가깝기 때문입니다.

3   요한이 아시아에 있는 일곱 교회에게!

계시는 분이시며 계셨던 분이시며 오실 분으로부터, 그분의 보좌 앞에 계신 일곱 영으로부터, 그리고 믿음있는 증인이시며 죽은 자들에서 첫번째아들이시며 땅의 왕들의 통치자이신 예수 그리스도로부터, 은혜와 평안이 여러분에게 있을지어다!

우리를 사랑하시며, 그분의 피로 우리의 죄들에서 우리를 목욕시키시고, 하나님 곧 그분의 아버지에게 우리를 왕들과 제사장들로 만드신, 그분께 영광과 힘이 영원 영원히 있을지어다! 진실로!

4 오! 구름들과 함께 오시는데, 모든 눈이 그리고 그분을 찔러버린 자들도 그분을 볼 것이며, 땅의 모든 지파들이 그분에 대해 가슴칠 것입니다. 그렇습니다! 진실로!

5 "나는 알파이며 오메가이며, 처음과 끝이다."라고 말씀하시는 주님은, 계시는 분이시며 계셨던 분이시며 오실 분이시며, 전능자이신 분이십니다.

6 나 요한은, 여러분의 형제이며 예수 그리스도의 환난과 왕국과 인내에 함께참여한 자로서, 하나님의 말씀 때문에 그리고 예수 그리스도의 증거 때문에 밧모라 불려지는 섬에 있게되었습니다.

7 나는 주님의 날에 영 안에 있게되었으며, 내 뒤에서 "나는 알파이며 오메가이며, 첫번째이며 마지막이다. 네가 보는 것을 책에 기록해라! 그리고 아시아에 있는 교회들 곧 에베소로, 서머나로, 버가모로, 두아디라로, 사데로, 빌라델피아로, 라오디게아로 보내라!"라고 말씀하시는 나팔 같은 큰 음

성을 들었습니다.

8 내게 얘기하신 음성을 보려고 뒤돌았습니다. 뒤돌아서 금으로된 일곱 등잔대를 보았으며, 일곱 등잔대 한가운데에, 사람의 아들과 비슷한 분이, 발에끌리는 것을 입으시고, 가슴에 금으로된 띠를 띠두르시고, 그분의 머리와 머리털이 양털처럼 희며 눈 같고, 그분의 눈은 불의 불꽃같고, 빛나는구리와 비슷한 그분의 발은 용광로에 불타올라지는 것 같고, 그분의 음성은 많은 물들의 소리 같고, 그분의 오른쪽 손에 일곱 별들을 갖고계시며, 그분의 입에서 날카로운 양날의 말씀칼이 나오며, 그분의 외모는 자신의 능력으로 나타내는 태양 같았습니다.

9 내가 그분을 보았을 때, 그분의 발에 죽은 자같이 엎드렸습니다. 그분은 자신의 오른쪽 손을 내게 얹으셨으며, 내게 말씀하였습니다. "두려워하지 말아라! 나는 첫번째이며 마지막이며, 살아있는 자다. 내가 죽었었다. 오! 나는 영원 영원히 살아 있다. 진실로!

10 나는 지옥과 죽음의 열쇠들을 갖고있는데, 네가 본 것들과 있는 일들과 이 후에 되어지게 될 일들을 기록해라! 내 오른쪽 손에 네가 본 일곱 별의 비밀과 금으로된 일곱 등잔대이다.

11 일곱 별은 일곱 교회의 천사들이며, 네가 본 일곱 등잔대는
일곱 교회이다."

12절~53절 [개역개정, KJV 2:1~3:22]

일곱 교회의 천사들에게 보낸 예수님의 편지

2장

NEW
요한계시록

12 "에베소 교회의 천사에게 기록해라!" 그분의 오른쪽 손에 일곱 별을 붙잡으신 분이시며 금으로된 일곱 등잔대 한가운데를 걸어다니시는 분이 이것을 말씀하십니다. "네 행위들과 네 괴로움과 네 인내를 아는데, 나쁜 자들을 짊어질 수 없어서 사도라고 피력하지만 아닌 자들을 시험하였고 그들을 거짓된 자들로 발견하였으며, 너는 짊어졌으며 인내를 가지고 내 이름 때문에 수고하였으며 약해지지 않았다.

13 다만 나는 네게 거스르는 것을 갖고있는데, 너의 첫번째 사랑을 버려둔 것이다.

14 그런즉 네가 어디에서 떨어져나갔는지를 기억해라! 그리고 회개해라! 그리고 첫번째 행위들을 행해라! 그렇지 않으면, 내가 네게 신속히 오며, 만약 회개하지 않으면, 네 등잔대를 그 장소에서 움직일 것이다.

15 　다만 네가 이것을 갖고있는데, 나도 미워하는 것인 니골라인들의 행위들을 네가 미워하는 것이다.

16 　귀를 갖고있는 자는 영이 교회들에게 무엇을 말씀하시는지 들어라! 이기는 자, 그에게는 내가 하나님의 낙원 한가운데 있는 생명의 통나무에서 먹도록 줄 것이다."

17 　"교회 서머나의 천사에게 기록해라!" 첫번째이며 마지막이신 곧 죽게 되셨다가 살아나신 분이 이것을 말씀하십니다. "내가 네 행위들과 환난과 가난을 아는데, 그러나 너는 부유하며, 그리고 스스로 유대인이라고 말하는 자들의 모독도 내가 아는데, 그들은 유대인이 아니요 다만 사탄의 회당이다.

18 　고난받게 될 어떤 것도 두려워하지 말아라!

19 　오! 마귀가 너희 중에 일부를 시험받도록 감옥에 던지게 되며, 너희는 10일 환난을 가질 것이다.

20 　죽음에까지 믿음있게 되어라! 그러면 내가 네게 생명의 왕관을 줄 것이다.

21 　귀를 갖고있는 자는 영이 교회들에게 무엇을 말씀하시는지 들어라! 이기는 자는 둘째 죽음에서 결코 불의를따라보응받

지 않으리라."

22 "버가모에 있는 교회의 천사에게 기록해라!" 날카로운 양날의 말씀칼을 가지신 분이 이것을 말씀하십니다. "네 행위들과 네가 어디에 사는지를 아는데, 그곳은 사탄의 보좌이다. 너희에게서 죽임당한 믿음있는 내 증인 안디바가 있던 기간에도, 사탄이 사는 곳에서 내 이름을 붙잡고 나에 대한 믿음을 부인하지 않았다.

23 다만 나는 네게 조금 거스르는 것을 갖고있는데, 발락 안에서, 이스라엘의 아들들 앞에 실족을 던지고 우상제물들을 먹게하고 음행하도록 가르친, 발람의 가르침을 붙잡는 자들이 있다.

24 이같이 너는 내가 미워하는 니골라인들의 가르침을 붙잡는 자들을 갖고 있다.

25 회개해라! 그렇지 않으면, 내가 네게 속히 와서, 내 입의 말씀칼로 그들과 전쟁할 것이다.

26 귀를 갖고있는 자는 영이 교회들에게 무엇을 말씀하시는지 들어라! 이기는 자, 그에게는 감추어졌던 만나를 먹도록 줄 것이며, 받는 자 외에는 아무도 알지 못하는, 판결돌 위에

새 이름이 기록된, 흰 판결돌을 그에게 줄 것이다."

27 "두아디라에 있는 교회의 천사에게 기록해라!" 불의 불꽃같은 두 눈과 빛나는구리와 비슷한 발을 가지신 하나님의 아들이 이것을 말씀하십니다. "네 행위들과 사랑과 섬김과, 네 믿음과 인내를 아는데, 네 행위들이 첫번째보다 마지막이 더 많은 것을, 내가 안다.

28 다만 나는 네게 조금 거스르는 것을 갖고있는데, 스스로 선지자라 말하며 나의 종들을 가르치고 미혹하여, 음행하게 하고 우상제물들을 먹게하는 여자 이세벨을 허락한 것이다.

29 내가 그녀에게 그녀의 음행에서 회개할 때를 주었으나, 회개하지 않았다.

30 오! 만약 자기들의 행위에서 회개하지 않으면, 내가 그녀를 침대로 던지며, 그녀와 간음하는 자들을 큰 환난에 던진다.

31 그녀의 자녀들을 죽음으로 죽일 것이며, 내가 동기와 마음을 상고하는 자인 것을 교회들 모두가 알 것이며, 너희 각각에게 너희 행위들에 따라서 줄 것이다.

32 그러나 두아디라에 남은 자들 곧 이 가르침을 가지지 않고,

사람들이 말하는 것같이 사탄의 깊이를 알지 않는 너희에게 말하는데, 내가 다른 짐을 너희 위에 던지지 않을 것이며, 너희는 내가 오기까지 갖고있는 것만을 붙잡아라!

33 이기는 자와 내 행위들을 끝까지 지키는 자에게, 이방들에 대한 권세를 그에게 줄 것인데, 나도 내 아버지에게서 받은 것같이, 그가 그들을 철로된 지팡이로 목양하는데, 토기 그릇이 부서지는 것같다. 나는 그에게 새벽 별을 줄 것이다.

34 귀를 갖고있는 자는 영이 교회들에게 무엇을 말씀하시는지 들어라!"

35 "사데에 있는 교회의 천사에게 기록해라!" 하나님의 영들과 **일곱 별을 가지신 분**이 이것을 말씀하십니다. "네 행위들을 아는데, 네가 살아있다는 이름을 가지고 있으나, 죽어 있다.

36 깨어있게 되어라! 그리고 죽게 될 남은 것들을 굳게해라! 내가 하나님 앞에서 네 행위들이 성취된 것들을 발견하지 못했기 때문이다.

37 네가 어떻게 받았으며 들었는가를 기억해라! 그리고 지켜라!

38 회개해라! 그런즉 만약 깨어있지 않으면, 내가 도둑같이 네게

올 것이며, 내가 네게 몇 시에 올 지를, 결코 알지 못하리라.

39   사데에 자신들의 겉옷을 검게하지 않은 적은 이름들을 너는 갖고있다. 그들은 흰옷을 입고 나와 함께 걸어다닐 것인데, 그들은 마땅하기 때문이다.

40   이기는 자, 이자는 흰 겉옷을 입을 것이며, 생명의 책에서 내가 그의 이름을 결코 지우지 않을 것이며, 내 아버지 앞에서 그리고 그분의 천사들 앞에서, 내가 그의 이름을 공개발언할 것이다.

41   귀를 갖고있는 자는 영이 교회들에게 무엇을 말씀하시는지 들어라!"

42   "빌라델피아에 있는 교회의 천사에게 기록해라!" 열면 아무도 닫지 못하며 닫으면 아무도 열지 못하는, 다윗의 열쇠를 가지신 거룩하신 분 곧 참이신 분이 이것을 말씀하십니다. "내가 네 행위들을 아는데, 오! 내가 네 앞에 열린 문을 주었으니, 아무도 그것을 닫을 수 없는데, 작은 능력을 가지고 내 말씀을 지켰으며 내 이름을 부인하지 않았다.

43   오! 스스로 유대인이라고 말하지만 그렇지 않고 다만 거짓된 자들 곧 사탄의 회당에서 일부를 내가 네게 주는데, 오!

그들이 와서 네 발 앞에서 예배하고 내가 너를 사랑한다는 것을 그들이 알도록 할 것이다.

44 네가 내 인내의 말씀을 지켰기에, 땅에 사는 자들을 시험하려고 온 천하에 오게 될 시험의 시간에서 나도 너를 지킬 것이다.

45 오! 내가 속히 온다. 아무도 네 왕관을 받지 못하도록, 네가 가진 것을 붙잡아라!

46 이기는 자 그를, 내가 내 하나님의 성전에서 기둥으로 만들 것이며, 그는 결코 더이상 밖으로 나가지 않으며, 내가 내 하나님의 이름과 내 하나님에게서 하늘에서 내려오는 새 예루살렘 곧 내 하나님의 성의 이름과 그리고 나의 새 이름을 그에게 기록할 것이다.

47 귀를 갖고있는 자는 영이 교회들에게 무엇을 말씀하시는지 들어라!"

48 "라오디게아의 교회의 천사에게 기록해라!" 진실이시며 믿음있으시고 참이신 증인이시며 하나님의 피조물의 처음이신 분이 이것을 말씀하십니다. "나는 차갑지도 않으며 열정있지도 않은 네 행위들을 안다. 너는 차갑든지 또는 열정있는 것

이 마땅하다! 이같이 네가 미지근하여, 차갑지도 않으며 열정 있지도 않으니, 내가 너를 내 입에서 토하게 될 것이다.

49   '나는 부유하며, 부유하기에 아무 것도 필요를 갖지 않는다.' 라고 네가 말하지만, 네가 비참한 자이며 가련한 자이며 가난한 자이며 눈먼 자이며 벗은 자인 것을 알지 못한다. 불로 불타올라지는 금을 내게서 사서, 부유하게하고, 너의 벌거벗음의 수치가 공개되지 않기 위하여 흰 겉옷을 입을 것을, 내가 너와 결의한다. 너는 보기 위하여 네 양 눈에 안약을 도포해라!

50   나는 좋아하는 자마다 책망하며 징계한다. 그런즉 경쟁해라! 그리고 회개해라!

51   오! 내가 문에 서있으며 두드린다. 누구라도 내 음성을 듣고 문을 열면, 내가 그에게 들어갈 것이며, 그와 함께 잔치할 것이며 그는 나와 함께 잔치할 것이다.

52   이기는 자, 그에게는 내 보좌에 나와 함께 앉게해 줄 것인데, 나도 이겼고 내 아버지와 함께 그분의 보좌에 앉은 것과 같다.

53   귀를 갖고있는 자는 영이 교회들에게 무엇을 말씀하시는지 들어라!"

• 전무후무한 성경 •

NEW

REVELATION

• 세계 최초 1:1 대응 번역 •

3장

54절~70절 [개역개정, KJV 4:1~5:14]

하나님의 보좌

3장

NEW
요한계시록

54 이 후에, 오! 하늘에 열린 문을 보았으며, 내가 들었던 나팔같
은 첫번째 음성이 내게 얘기하셨는데, "여기 올라와라! 그러
면 이 후에 되어야만 하는 일들을 네게 보여줄 것이다."라는
말씀이었습니다.

55 곧바로, 나는 영 안에 있게되었으며, 오! 보좌가 하늘에 놓여
있고, 보좌에 앉아계셨는데, 앉으신 분은, 다이아몬드 및 루
비, 돌 환상과 비슷했으며, 보좌에 둘린 무지개는 에머럴드
환상과 비슷했습니다.

56 보좌에 둘린 24개의 보좌들과, 보좌들에 흰 겉옷이 입혀져
앉아있는 24장로들을 보았는데, 그들은 그들의 머리에 금으
로된 왕관을 썼습니다.

57 보좌에서 번개들과 천둥들과 음성들이 나오며, 보좌 앞에 하

나님의 일곱 영인 일곱 불의 등불이 켜져있고, 보좌 앞에 수정과 비슷한 유리 바다가 있었고, 보좌 한가운데와 보좌 주위에 눈들이 앞에와 뒤에 가득한 네 생물이 있었습니다.

58 첫째 생물은 사자와 비슷하고, 둘째 생물은 송아지와 비슷하고, 셋째 생물은 사람 같은 얼굴을 갖고있으며, 넷째 생물은 날아가는 독수리와 비슷하였습니다.

59 네 생물 각자는 날개 6개씩을 갖고있었으며, 둘레와 안에는 눈들이 가득하고, 낮과 밤 쉼을 갖지 않고 말했습니다. "계셨던 분이시며 계시는 분이시며 오실 분이신, 전능자 하나님이신 주님은 거룩하시고 거룩하시고 거룩하시도다!"

60 생물들이 영원 영원히 사시는 보좌에 앉으신 분께 영광과 존경과 감사를 드릴 때, 24장로들이 보좌에 앉으신 분 앞에 엎드릴 것이며, 영원 영원히 사시는 분께 예배하며, 보좌 앞에 자기들의 왕관을 던지며 말합니다. "주님! 영광과 존경과 능력을 받으시는 것이 마땅하십니다. 당신이 모든 것들을 창조하셨으며, 그것들이 당신의 뜻을 통해 있으며 창조되었습니다."

61 보좌에 앉으신 분의 오른쪽 손에, 안과 뒤에 기록된, 일곱 인으로 봉인된 책을 보았습니다.

62 그리고 큰 음성으로 "누가 책을 열기에, 그리고 그 인들을 풀기에 마땅하냐?"라고 전파하는 강한 천사를 보았습니다. 하늘에나, 땅 위나, 땅 아래나 아무도 책을 열 수도, 그것을 볼 수도 없었습니다.

63 책을 열거나 읽거나, 그것을 보는 것도 아무도 마땅하게 발견되지 않았기에, 내가 많이 울었습니다.

64 장로들 중에 한 명이 내게 말합니다. "울지 말아라! 오! 유다 지파에 계신 다윗의 뿌리이신 사자가 이기었으니, 책을 여시고 그 일곱 인을 푸신다."

65 내가 보았는데, 오! 보좌와 네 생물 한가운데와, 장로들 한가운데에, 어린양이 서계시는데, 도살당하신 것 같았고, 일곱 뿔과 일곱 눈을 가지셨는데, 이 눈은 모든 땅에 보내어진 하나님의 일곱 영이십니다.

66 그분이 오셔서, 보좌에 앉으신 분의 오른쪽 손에서 책을 받으셨습니다.

67 책을 받으셨을 때, 네 생물과 24장로들이 어린양 앞에 엎드렸는데, 각각 하프 및 거룩한 자들의 기도인 분향이 가득한 금으로된 대접들을 가지고, 말하기를, "당신은 책을 받으시

고 그 인들을 여시기에 마땅하십니다. 도살당하셨으며, 모든 지파과 방언과 백성과 이방들에서 우리를 당신의 피로 하나님께로 사셨으며, 우리를 우리 하나님에게 왕들과 제사장들로 만드셨기에, 우리가 땅에 대해 왕될 것입니다."라고 새 노래를 노래합니다.

68 또 내가 보았는데, 보좌 둘레에 많은 천사들과 생물들과 장로들 곧 백만이 큰 음성으로, "도살당하신 어린양이 능력과 부유함과 지혜와 기운과 존경과 영광과 축복을 받으시기에 마땅하십니다."라고 말하는 음성을 들었습니다.

69 하늘에, 땅에, 땅 아래에, 바다 위에 있는 모든 창조물과 그 안에 있는 모든 것들이 "보좌에 앉으신 분과 어린양에게, 축복과 존경와 영광과 힘이 영원 영원히 있도다!"라고 말하는 것을 들었습니다.

70 네 생물들이 말했습니다. "진실로!" 그리고 24장로들이 엎드렸으며 영원 영원히 사시는 분께 예배하였습니다.

NEW

요한계시록

장

71절~94절 [개역개정, KJV 6:1~7:17]

일곱 인 = 구원, 구원상실, 구원확정

4장

NEW
요한계시록

71 어린양이 인들 중에 하나를 여시는 때, 나는 보았습니다.

72 네 생물 중 하나가 천둥 소리같이, "와라! 그리고 보아라!"라고 말하는 것을, 내가 들었습니다.

73 내가 보았는데, 오! 흰 말과, 활을 가지고 그 위에 앉은 자, 그에게 왕관이 주어졌고, 나갔는데 이기고 또 이기려 하였습니다.

74 둘째 인을 여실 때, 둘째 생물이, "와라! 그리고 보아라!"라고 말하는 것을, 내가 들었습니다.

75 다른 불타오르는색의 말이 나왔는데, 그 위에 앉은 자가 땅으로부터 평안을 받는 것이 그에게 주어졌으며, 남들을 도살하게 하였으며, 큰 칼이 그에게 주어졌습니다.

76 셋째 인을 여실 때, 셋째 생물이, "와라! 그리고 보아라!"라고 말하는 것을, 내가 들었습니다.

77 오! 검은 말과, 자기 손에 멍에를 가지고 그 위에 앉은 자를, 내가 보았습니다.

78 네 생물 한가운데서, "한 데나리온에 밀 1.2L, 한 데나리온에 보리 3.6L, 기름과 포도주는 불의를따라보응하지 말아라."라고 말하는 음성을, 내가 들었습니다.

79 넷째 인을 여실 때, 넷째 생물이 "와라! 그리고 보아라!"라고 말하는 음성을, 내가 들었습니다.

80 내가 보았는데, 오! 푸른 말과, 그 위쪽에 앉은 자인데, 그의 이름은 죽음이며, 그와 함께 지옥이 따르며, 말씀칼로 흉년으로 죽음으로 땅의 짐승 아래서, 땅의 사분의 일을 죽이는 권세가 그들에게 주어졌습니다.

81 다섯째 인을 여실 때, 하나님의 말씀 때문에 그들이 가진 증거 때문에, 제단 아래 도살당한 자들의 영혼들을, 내가 보았는데, 그들은 큰 음성으로, "언제까지입니까? 거룩하시고 참이신 주권자시여! 심판하여 땅에 사는 자들에게서 우리 피를 원한갚지 않으십니까?"라고 소리질렀습니다.

82 각각에게 흰 깨끗한옷이 주어졌으며, 그들의 동료종들과 그들의 형제들과 그들같이 죽임당하게 될 자들이 성취될 때까지 잠시 동안 더 쉬라고 그들에게 선포되었습니다.

83 내가 보았는데, 여섯째 인을 여실 때, 오! 큰 지진이 일어났으며, 태양이 머리털의 베옷같이 검게 되었으며, 달이 피같이 되었으며, 무화과나무가 큰 바람에게서 진동되어 그 과일들을 던지는 것과 같이 하늘의 별들이 땅에 떨어졌습니다. 하늘은 책이 둘둘말리는 것같이 갈라서졌으며, 모든 산과 섬은 자기 장소에서 움직여졌습니다.

84 땅의 왕들과 관료들과 부유한 자들과 천부장들과 능력있는 자들과 모든 종과 모든 자유한 자는 산들의 굴들과 바위들로 자신들을 감추었으며, 산들과 바위들에게 말합니다. "우리에게 떨어져라! 보좌에 앉으신 분의 얼굴에서와 어린양의 진노에서 우리를 감춰라! 그분의 진노의 큰 날이 왔으니, 누가 서질 수 있는가?"

85 이 후, 바람이 땅에도 바다에도 모든 나무에도 불지 못하도록, 네 천사들이 땅의 네 모퉁이에 서서 땅의 네 바람을 붙잡는 것을 보았습니다.

86 다른 천사가 동쪽 태양에서 올라오는데, 살아계신 하나님의

인을 가진 것을 보았으며, 그가 땅과 바다를 불의를따라보응하는 것이 주어진 네 천사에게 큰 음성으로 말하기를, "우리가 우리 하나님의 종들의 그 이마에 인치기까지 땅도 바다도 나무도 불의를따라보응지 말아라."라고 소리질렀습니다.

87 인쳐진 자들의 수를 들었는데, 144,000명이 이스라엘 아들 모든 지파 중에서 인쳐졌으며, 유다 지파 중에서 12,000명이 인쳐졌으며, 르우벤 지파 중에서 12,000명이 인쳐졌으며, 갓 지파 중에서 12,000명이 인쳐졌으며, 아셀 지파 중에서 12,000명이 인쳐졌으며, 납달리 지파 중에서 12,000명이 인쳐졌으며, 므낫세 지파 중에서 12,000명이 인쳐졌으며, 시므온 지파 중에서 12,000명이 인쳐졌으며, 레위 지파 중에서 12,000명이 인쳐졌으며, 잇사갈 지파 중에서 12,000명이 인쳐졌으며, 스불론 지파 중에서 12,000명이 인쳐졌으며, 요셉 지파 중에서 12,000명이 인쳐졌으며, 베냐민 지파 중에서 12,000명이 인쳐졌습니다.

88 이 후, 내가 보았는데, 오! 모든 이방들과 지파들과 백성들과 방언들에서 아무도 셀 수 없는 큰 군중이, 흰 깨끗한옷이 입혀져 보좌 앞과 어린양 앞에 서있으며, 그들의 손에는 종려나무가 있으며, 큰 음성으로 말하기를, "보좌에 앉으신 우리 하나님과 어린양의 구원!"이라고 소리질렀습니다.

89 　모든 천사들이 보좌와 장로들과 네 생물 주위에 서있었으며, 보좌 앞에 자기들의 얼굴을 대고 엎드렸으며, "진실로! 축복과 영광과 지혜와 감사와 존경과 능력과 기운이, 영원 영원히 우리 하나님께 있도다!"라고 말하며 하나님께 예배하였습니다. 진실로!

90 　장로들 중에 한 명이 대답하여 내게 말했습니다. "흰 깨끗한 옷을 입은 이자들은, 누구냐? 그리고 어디서 왔느냐?"

91 　내가 그에게 말했습니다. "주님! 당신이 아십니다."

92 　그가 내게 말했습니다. "이자들은 큰 환난에서 나오는 자들이며, 그들의 깨끗한옷을 빨았으며, 어린양의 피로 그들의 깨끗한옷을 희게하였다.

93 　이러므로 그들이 하나님의 보좌 앞에 있어, 낮과 밤 그분의 성전에서 그분께 충성하며, 그리고 보좌에 앉으신 분은 그들 위에 장막쳐거하실 것이다.

94 　그들은 더이상 배고프지 않을 것이며, 더이상 목마르지 않을 것이며, 태양도 모든 태움도 결코 그들 위에 떨어지지 않으리라. 보좌 한가운데위쪽의 어린양이 그들을 목양하실 것이며, 그들을 살아있는 물의 샘들로 인도하실 것이며, 그리고 하나님께서 그들의 눈에서 모든 눈물을 지우실 것이다."

5장

95절~146절 [개역개정, KJV 8:1~11:18]

일곱 나팔 = 복음 전파

5장

NEW
요한계시록

95 일곱째 인을 여셨을 때, 약 반시간 하늘에 잠잠함이 있게되었습니다.

96 일곱 천사를 보았는데, 하나님 앞에 서있었고, 일곱 나팔이 그들에게 주어졌습니다.

97 다른 천사가 왔으며, 금으로된 향로를 가지고 제단 위에 서있었고, 그에게 많은 분향이 주어졌는데, 모든 거룩한 자들의 기도로 보좌 앞 금으로된 제단에 드리기 위함이었습니다.

98 거룩한 자들의 기도로 분향들의 연기가 천사의 손에서 하나님 앞으로 올라갔습니다.

99 천사가 향로를 받아, 제단의 불로 그것을 채웠으며, 땅으로 던졌습니다. 음성들과 천둥들과 번개들과 지진이 일어났습

니다.

100 일곱 나팔을 가진 일곱 천사가 스스로 나팔부는 것을 준비하였습니다.

101 첫째 천사가 나팔불었으며, 피가 섞인 우박과 불이 일어났으며, 땅으로 던져졌고, 나무의 삼분의 일이 태워졌으며, 모든 푸른 풀이 태워졌습니다.

102 둘째 천사가 나팔불었으며, 불로 켜진 큰 산 같은 것이 바다로 던져졌으며, 바다의 삼분의 일이 피가 되었습니다.

103 바다에서 영혼들을 가진 창조물들의 삼분의 일이 죽었으며, 배들의 삼분의 일이 썩게되었습니다.

104 셋째 천사가 나팔불었으며, 하늘에서 등불같이 켜진 큰 별이 떨어졌으며, 강들과 물들의 샘의 삼분의 일에 떨어졌습니다.

105 별의 이름은 '쑥'이라 하였으며, 삼분의 일이 '쑥'으로 되어, 쓰게되었기에, 많은 사람들이 물로 죽었습니다.

106 넷째 천사가 나팔불었으며, 태양의 삼분의 일과 달의 삼분의 일과 별의 삼분의 일이 강타되어, 그것들의 삼분의 일이 어두

워졌으며, 낮이 그 삼분의 일을 나타내지 않았으며, 밤도 비
슷하였습니다.

107 공중에 날아가는 한 천사가 큰 음성으로, "세 천사들이 나팔
불게 될 남은 나팔 소리로, 땅에 사는 자들에게 화있다! 화있
다! 화있다!"라고 말하는 것을 보았으며 들었습니다.

108 다섯째 천사가 나팔불었으며, 하늘에서 별이 땅으로 떨어진
것을 내가 보았는데, 그에게 음부의 우물구덩이의 열쇠가 주
어졌습니다.

109 그가 음부의 우물구덩이를 열었으며, 그 우물구덩이에서 큰
용광로의 연기 같은 연기가 올라왔으며, 그 우물구덩이의 연
기로 태양과 공기가 어두워졌습니다.

110 연기에서 메뚜기들이 땅으로 나왔으며, 그들에게 땅의 전갈
들의 권세를 가진 것같은 권세가 주어졌습니다. 땅의 풀도 모
든 푸른 것도 모든 나무도 불의를따라보응하지 말고, 누구든
지 이마에 하나님의 인을 가지지 않은 사람들만을 불의를따
라보응하라고 그들에게 선포되었습니다.

111 그들을 죽이지 않고, 다만 그들이 다섯 달을 괴로워하는 것
이, 그들에게 주어졌는데, 그들의 괴롭힘은 전갈이 사람을 갈

겨칠 때의 괴롭힘과 같았습니다. 그 기간에 사람들이 죽음을 찾을 것이지만, 그것을 발견하지 못할 것이며, 죽는 것을 사모할 것이지만, 죽음이 그들에게서 도망할 것입니다.

112 메뚜기들의 비슷한모양은 전쟁을 위해 준비된 말들과 비슷하며, 그 머리 위는 금과 비슷한 왕관 같으며, 그 얼굴은 사람의 얼굴 같으며, 여자의 머리털 같은 머리털을 가지고있으며, 그들의 이빨은 사자의 이빨 같았습니다. 그들은 철로된 흉배 같은 흉배를 갖고있으며, 그들의 날개들의 소리는 전쟁으로 달려가는 많은 말들의 병거들의 소리와 같았습니다.

113 그들은 전갈과 비슷한 꼬리들과 쏘는 것들을 갖고있으며, 그들의 꼬리에는 다섯 달 사람들을 불의를따라보응하는 권세가 있었습니다.

114 그들은 그들 위에 음부의 천사인 왕을 갖고있는데, 그의 히브리어 이름은 아바돈이며, 고대그리스 이름으로는 아볼루온입니다.

115 화 하나가 갔습니다. 오! 이 후에 화 둘이 더 옵니다.

116 여섯째 천사가 나팔불었으며, 하나님 앞에 금으로된 제단의 네 뿔에서, 나팔을 가진 여섯째 천사에게, "너는 큰 강 유브라

데에 묶여있는 네 천사들을 풀어라!"라고 말하는 한 음성을, 내가 들었습니다.

117 사람들의 삼분의 일을 죽이는, 그 시간과 날과 월과 년을 준비한 네 천사들이 풀어졌습니다.

118 마병 군사의 수는 2억이었습니다. 나는 그들의 수를 들었습니다.

119 이같이, 환상 중에 말들과 그 위에 앉은 자들을, 내가 보았는데, 불빛들과 자주빛들과 유황빛들의 흉배들을 갖고있었고, 말들의 머리는 사자 머리 같고, 그 입에서는 불과 연기와 유황이 나옵니다.

120 이 세가지로, 곧 그 입에서 나오는 불과 연기와 유황으로, 사람들의 삼분의 일이 죽임당했습니다.

121 그들의 권세는 그들의 입에 있었기 때문이며, 그들의 꼬리는 머리를 갖고있는 뱀과 비슷하였으며, 그것으로 불의를따라보응기 때문입니다.

122 이 재앙들에 죽임당하지 않고 남은 사람들은, 그들의 손의 행위들을 회개하지도 않았으며, 귀신들과 그리고 볼 수도 없고

들을 수도 없고 다닐 수도 없는 금으로된, 은으로된, 동으로된, 돌로된, 통나무로된 우상들에게 예배하지 않기 위하여 그들의 살인들에서도 그들의 신접함에서도 그들의 음행에서도 그들의 도둑질에서도 회개하지도 않았습니다.

123 그리고 다른 강한 천사가 하늘에서 내려오는 것을, 내가 보았는데, 구름을 입고 머리 위에 무지개가 있고, 그 얼굴은 태양과 같고, 그 발은 불의 기둥들 같고, 그 손에는 열린 작은책을 갖고있었으며, 그 오른쪽 발은 바다에 대었고, 그 왼쪽 발은 땅에 대었으며, 사자가 으르렁거리는 것처럼 큰 소리로 소리질렀으며, 소리질렀을 때, 일곱 천둥이 자신들의 소리를 얘기하였으며, 일곱 천둥이 자신들의 소리를 얘기하여 내가 기록하려 할 때, 하늘에서 내게 "일곱 천둥이 얘기한 것을 인쳐라! 이것들을 기록하지 말 것이다."라고 말하는 음성을 들었습니다.

124 내가 본 천사는 바다와 땅 위에 서있었으며, 하늘로 그의 손을 들어올렸으며, 하늘과 그 안에 있는 것들과, 땅과 그 안에 있는 것들과, 바다와 그 안에 있는 것들을 창조하신 영원 영원히 살아계신 분으로 맹세하였는데, "더이상 때가 있지 않을 것이다. 다만 일곱째 천사의 음성의 기간에, 나팔불게 될 때에는, 자신의 종들인 선지자들에게 복음전한 것같이, 하나님의 비밀이 끝마쳐질 것이다."라고 하였습니다.

125 그가 다시 내게 말하기를, "가라! 바다와 땅에 서있는 천사의 손에 열린 작은책을 받아라!"라고 얘기하는 음성을, 내가 하늘에서 들었습니다.

126 내가 그 천사에게, "내게 작은책을 주십시오!"라고 말하며 그에게 갔습니다.

127 그가 내게 말합니다. "받아라! 그리고 그것을 먹어버려라! 그것이 네 배를 쓰게할 것이지만, 다만 네 입에서는 꿀같이 달 것이다."

128 나는 천사의 손에서 작은책을 받았으며, 그것을 먹어버렸습니다. 그것은 내 입에서 꿀같이 달았으며, 내가 그것을 먹었을 때, 내 배가 쓰게되었습니다.

129 그가 내게 말합니다. "너는 많은 백성들과 이방들과 방언들과 왕들에게 다시 예언하여야 한다."

130 그가 지팡이와 비슷한 갈대를 내게 주었으며 말하기를, "일어나라! 하나님의 성전과 제단과 그 안에서 예배하는 자들을 측정해라! 너는 성전 안팎 뜰을 내보내라! 그것은 이방인들에게 주어졌기에 측정하지 말 것이다. 그들은 42개월 거룩한 성을 짓밟을 것이다.

131 내가 내 두 증인에게 줄 것이며, 베옷을 입고 1260일을 예언할 것이다.

132 이들은 땅에 서있는 하나님 앞에 두 올리브나무와 두 등잔대이다.

133 어떤 자가 그들을 불의를따라보응하기를 원한다면, 불이 그들의 입에서 나와서, 그들의 원수들을 먹어버린다. 어떤 자가 그들을 불의를따라보응하기를 원한다면, 이같이 그는 죽임당해야 한다.

134 이들은 권세를 가지고 하늘을 닫으며 그들의 예언의 기간에 단비가 비내리지 않게 하며, 또한 물들에 대한 권세를 가지고 그것을 피로 돌아서게하며 언제든지 원하는대로 모든 재앙으로 땅을 친다.

135 그들이 그들의 증거를 끝마칠 때, 음부에서 올라오는 짐승이 그들과 전쟁을 만들 것이며, 그들을 이길 것이며, 그들을 죽일 것이다.

136 그들의 시체는 영적으로 소돔과 애굽이라고 불리는 큰 성의 큰거리에 있는데, 우리 주님께서 십자가에못박히신 곳이다.

137 백성들과 지파들과 방언들과 이방들에서 3일 반을 그들의 시체들을 볼 것이며, 그들의 시체들을 굴무덤들에 두도록 허용하지 않을 것이다.”

138 땅에 사는 자들은 그들에 대해 기뻐할 것이며, 행복해할 것이며, 예물들을 서로 보낼 것인데, 이 두 선지자가 땅에 사는 자들을 괴롭힌 것입니다.

139 3일 반 후, 하나님으로부터 생명의 영이 그들에게 들어갔으며, 그들은 그들의 발로 섰으며, 큰 두려움이 그들을 지켜보는 자들에게 떨어졌습니다.

140 그들은 하늘로부터 “여기 올라와라!”라고 그들에게 말하는 큰 음성을 들었습니다.

141 구름 안에서 하늘로 올라갔으며, 그들의 원수들이 그들을 지켜보았습니다.

142 그 시간에 큰 지진이 일어났으며, 성의 십분의 일이 무너졌으며, 지진에 7,000명 사람들의 이름들이 죽임당했으며, 남은 자들은 두려움에빠지게 되어 하늘의 하나님께 영광을 돌렸습니다.

143 둘째 화가 갔습니다. 오! 셋째 화가 속히 옵니다.

144 일곱째 천사가 나팔불었으며, 하늘에서 큰 음성들이 났으며, 말하기를, "우리 주님과 그분의 그리스도의 세상의 왕국들이 되었으며, 그분은 영원 영원히 왕되실 것입니다."

145 하나님 앞에 자신들의 보좌에 앉아있는 24장로들이 그들의 얼굴을 대고 엎드렸으며, 하나님께 예배하였으며, 말하기를, "계시며 계셨으며 오실, 전능자시여! 하나님이신 주님이시여! 우리가 당신께 감사드리는데, 당신은 당신의 큰 능력을 받으셨고 왕되셨습니다.

146 이방인들은 화내었으며, 당신의 진노가 왔는데, 죽은 자들은 심판받고, 작은 자들이나 큰 자들이나 당신의 종들 곧 선지자들과 거룩한 자들과 당신의 이름을 두려워하는 자들에게 보상을 주시며, 땅을 썩게하는 자들을 썩게하는 때가 왔습니다."

NEW

REVELATION

NEW

요한계시록

147절~199절 [개역개정, KJV 11:19~14:20]

복음 전파에 따른 영적 전쟁

6장

NEW
요한계시록

147 하늘에 하나님의 성전이 열렸고, 그 성전 안에 그분의 계약의
방주가 보였으며, 번개들과 음성들과 천둥들과 지진과 큰 우
박이 일어났습니다.

148 하늘에 큰 표적이 보였는데, 태양을 입고, 그 양발 아래는 달
이며, 그 머리 위에는 열두 별의 왕관을 쓴, 자궁 안에 가진
한 여자가, 출산하려고 산통하며 괴로워하며 소리지릅니다.

149 하늘에 다른 표적이 이상으로보였는데, 오! 일곱 머리와 열
뿔을 가졌고, 그 머리들 위에 일곱 면류관이 있는 큰 불타오
르는색의 용이, 그 꼬리로 하늘의 별 삼분의 일을 당기어 그
것들을 땅으로 던졌습니다.

150 용은 출산하게 될 여자 앞에 서있었는데, 출산할 때 그 자녀
를 먹어버리기 위함이었습니다.

151 남성 아들을 출산하는데, 그는 모든 이방들을 철로된 지팡이로 목양하게 될 자였으며, 그녀의 자녀는 하나님과 그분의 보좌로 빼앗겨졌습니다.

152 그 여자는 하나님으로부터 준비된 장소를 갖고있는 광야로 도망하였는데, 거기서 1260일 그들이 그녀를 기르기 위함입니다.

153 하늘에서 전쟁이 일어났는데, 미가엘과 그의 천사들이 용과 대항하여 전쟁하였으며, 용과 그의 천사들도 전쟁하였으나, 강하지 못하여, 하늘에서 더이상 그들의 장소가 발견되지 못하였습니다.

154 큰 용, 마귀 곧 사탄이라고 불리는 옛 뱀, 온 천하를 미혹하는 자가 던져졌는데, 땅으로 던져졌으며, 그의 천사들도 그와 함께 던져졌습니다.

155 하늘에서 말하는 큰 음성을 들었습니다. "지금 우리 형제들의 고소자 곧 낮과 밤 우리 하나님 앞에서 그들을 고소하는 자가 쫓아버려졌으니, 우리 하나님의 구원과 능력과 왕국 및 그분의 그리스도의 권세가 이루어졌다.

156 그들이 어린양의 피로, 그리고 그들의 증거의 말씀으로 그를

이기었으며, 죽기까지 자신들의 목숨을 사랑하지 않았다.

157 이러므로 하늘들과 그 안에 장막쳐거하는 자들은 행복해해 라!

158 마귀는 적은 때를 갖고있다는 것을 알고, 큰 분노를 가지고 너희에게 내려갔기에, 땅과 바다에 사는 자들은 화있다!"

159 용은 땅으로 던져진 것을 보았을 때, 남성을 출산한 여자를 핍박하였습니다.

160 여자에게 큰 독수리의 두 날개가 주어졌고, 그녀의 장소인 광 야로 날아가, 뱀의 얼굴에서 벗어나, 그 곳에서 한 때 두 때 반 때 길러집니다.

161 뱀이 여자의 뒤에서 그의 입으로 강 같은 물을 내던졌는데, 그녀를 떠내려가게 하기 위함이었습니다.

162 땅이 여자를 도왔으며, 땅이 그 입을 열어, 용이 그의 입에서 내던진 강을 삼켰습니다.

163 용이 여자에 대해 화내었으며, 그녀의 자손의 남은 자들 곧 하나님의 계명들을 지키며 예수 그리스도의 증거를 가진 자

들과 전쟁을 만들려고 갔습니다.

164 나는 바다 모래 위에 서있었으며, 바다에서 한 짐승이 올라오는 것을 보았는데, 일곱 머리와 열 뿔을 갖고있으며, 그 뿔들 위에 열 면류관이 있었으며 그 머리들 위에 모독의 이름이 있었습니다.

165 내가 본 짐승은 표범과 비슷하였으며, 그 발들은 곰의 발 같고, 그의 입은 사자의 입 같았습니다.

166 용이 그에게 자기 능력과 자기 보좌와 큰 권세를 주었습니다.

167 내가 보았는데, 그의 머리들 중 하나가 죽음으로 도살당한 것 같았는데, 그의 죽음의 재앙이 고쳐졌으며, 짐승을 뒤쫓는 온 땅에서 기이히여겨졌습니다.

168 사람들이 짐승에게 권세를 준 용에게 예배하였으며, 짐승에게 예배하였으며, 말하기를, "누가 짐승과 비슷하겠습니까? 누가 그와 전쟁할 수 있겠습니까?"

169 큰 말과 모독을 얘기하는 입이 그에게 주어졌으며, 42개월을 행하는 권세가 그에게 주어졌는데, 하나님에 대하여 모독으로 그의 입을 열었으며, 그분의 이름과 그분의 성막과 하늘에

장막쳐거하는 자들을 모독하는 것입니다.

170 그가 거룩한 자들과 전쟁을 하여, 그들을 이기고, 모든 지파
와 방언과 이방들에 대한 권세가 그에게 주어졌습니다.

171 세상의 창조부터, 도살당한 어린양의 생명의 책에 이름이 기
록되지 못한, 땅에 사는 모든 자들이 그에게 예배할 것입니다.

172 어떤 자가 귀를 갖고있다면, 그는 들으십시오!

173 어떤 자가 포로로 모으면, 그는 포로로 가며, 어떤 자가 칼로
죽일 것이면, 그는 칼로 죽임당해야 하는데, 여기 거룩한 자
들의 인내와 믿음이 있습니다.

174 다른 짐승이 땅에서 올라오는 것을 보았는데, 어린양과 비슷
한데 두 뿔을 갖고있었으며, 용같이 얘기했습니다.

175 그는 첫번째 짐승의 모든 권세를 그 앞에서 행하며, 자신의
죽음의 재앙에서 고쳐진 첫번째 짐승에게 예배하도록 땅과
땅에 사는 자들에게 행하여, 큰 표적을 행하는데 사람들 앞에
서 하늘에서 땅으로 불이 내려오게 하는 것입니다.

176 짐승 앞에서 행하도록 자신에게 주어진 표적을 통하여, 땅

에 사는 자들을 미혹하는데, 칼의 재앙을 갖고있다가 살아난 짐승에게 형상을 만들라고, 땅에 사는 자들에게 말하는 것입니다.

177 짐승의 형상에게 영을 주는 것이 그에게 주어졌는데, 짐승의 형상이 얘기하게 하며 또한 짐승의 형상에게 예배하지 않는 자마다 죽임당하도록 하는 것입니다.

178 모든 자, 곧 작은 자나 큰 자, 부유한 자나 가난한 자, 자유한 자나 종들에게, 그들의 오른쪽 손이나 그들의 이마에 표를 주게 하였으며, 표나 짐승의 이름이나 짐승의 이름의 수를 갖고있는 자 외에는, 어떤 자도 사는 것과 파는 것을 할 수 없게 한 것입니다.

179 여기 지혜가 있습니다.

180 지각을 갖고있는 자는 짐승의 수를 계산하십시오! 그것은 사람의 수이며 그의 수는 666이기 때문입니다.

181 내가 보았는데, 오! 시온의 산에 어린양이 서있으시고, 그분과 함께 144,000명이 있었고, 그 이마에 기록된 그의 아버지의 이름을 갖고있는 것입니다.

182 하늘에서 음성을, 내가 들었는데, 많은 물소리 같고 큰 천둥소리 같았으며, 나는 하프연주자들이 자기들의 하프로 하프 연주하는 소리를 들었습니다.

183 그들이 보좌 앞에서와 네 생물들과 장로들 앞에서 새 노래같은 것을 노래하는데, 땅에서 사진 144,000명 외에는 아무도 노래를 배울 수 없었습니다.

184 이들은 여자들로 검게되지 않은 자들인데, 처녀들이기 때문이며, 이들은 어린양이 가는 곳마다 따르는 자들입니다.

185 이들은 사람들 가운데 사졌는데 하나님과 어린양에게 첫열매입니다.

186 그들의 입에 계략이 발견되지 않았는데, 그들은 하나님의 보좌 앞에 흠없는 자들이기 때문입니다.

187 공중에 날아가는 다른 천사를, 내가 보았는데, 땅에 사는 자들과, 모든 이방들과 지파와 방언과 백성에게 복음전하는 영원한 복음을 가지고, 큰 음성으로 말하기를, "하나님 심판의 시간이 왔으니, 그분을 두려워해라! 그분께 영광을 드려라! 하늘과 땅과 바다 및 물들의 샘들을 만드신 분에게 예배해라!"

188 다른 천사가 따랐으며, 말하기를, "무너졌다. 그의 음행의 분노의 포도주를 모든 이방들에 마시게하였기에, 큰 성 바벨론이 무너졌다."

189 셋째 천사가 그들을 따랐으며, 큰 음성으로 말하기를, "어떤 자가 짐승과 그의 형상에게 예배하고 그의 이마나 그의 손에 표를 받으면, 그는 하나님의 진노의 잔에 섞인것이없이 섞어 부어진 그분의 분노의 포도주를 마실 것이며, 거룩한 천사들 앞에서 그리고 어린양 앞에서 불과 유황으로 괴로워할 것이다. 짐승과 그의 형상에게 예배하는 자 곧 그 이름의 표를 받은 어떤 자라도, 그들의 괴롭힘의 연기가 영원 영원히 올라가며 낮과 밤 쉼을 갖지 못한다."

190 여기 거룩한 자들의 인내가 있는데, 여기 하나님의 계명들과 예수님의 믿음을 지키는 자들이 있습니다.

191 하늘에서 내게, "기록해라! 지금부터 주님 안에서 죽는, 죽은 자들은 복있다."라고 말하는 음성을, 내가 들었습니다.

192 영이 말씀하십니다. "그렇다! 그들은 그들의 괴로움으로부터 쉬기 위함이다. 그들의 행위가 그들과 함께 따른다."

193 내가 보았는데, 오! 흰 구름이 있고 구름 위에 사람의 아들과

비슷한 분이 앉으셨는데, 그분의 머리에는 금으로된 왕관을 쓰셨고 그분의 한 손에는 날카로운 낫을 갖고있었습니다.

194 다른 천사가 성전에서 나왔으며, 구름 위에 앉으신 분에게 큰 음성으로 소리지르기를, "당신의 낫을 보내십시오! 그리고 추수하십시오! 땅의 추수할 것이 말라졌으며 추수할 시간이 당신에게 왔습니다."

195 구름 위에 앉으신 분이 그분의 낫을 땅에 던지셨습니다. 그러 자 땅이 추수되었습니다.

196 다른 천사가 하늘에 있는 성전에서 나왔는데, 그도 날카로운 낫을 갖고있었습니다.

197 불에 대해 권세를 갖고있는 다른 천사가 제단에서 나왔으며, 날카로운 낫을 가진 자에게 큰 소리지름으로 소리내어불렀으 며 말하기를, "포도가 익었으니, 너의 날카로운 낫을 보내라! 그리고 땅의 송이들을 따라!"

198 천사가 그의 낫을 땅으로 던졌으며, 땅의 포도나무를 땄으며, 하나님의 큰 분노의 포도주틀에 던졌습니다.

199 포도주틀이 성 밖에서 짓밟혔으며, 포도주틀에서 294.4km

떨어진 말들의 굴레들까지 피가 나왔습니다.

장

200절~219절 [개역개정, KJV 15:1~16:16]

진노의 일곱 대접 = 심판

7장

NEW
요한계시록

200 하늘에서 크고 기이한 다른 표적을, 내가 보았는데, 일곱 천사가 마지막 일곱 재앙을 갖고있었는데, 하나님의 분노가 그것으로 끝마쳐지는 것입니다.

201 나는 불이 섞인 유리 바다 같은 것과, 짐승을, 그의 형상을, 그의 표를, 그 이름의 수를 이긴 자들을 보았는데, 하나님의 하프들을 가지고 유리 바다 위에 서있었습니다.

202 그들은 하나님의 종 모세의 노래와 어린양의 노래를 노래하며 말하기를, "전능자 하나님이신 주님! 당신의 행위들이 크고 기이한데, 거룩한 자들의 왕이시여! 당신의 길은 의로우시며 참이십니다.

203 주님! 누가 당신을 두려워하지 않으며, 당신의 이름에 영광돌리지 않습니까? 당신만 성결하십니다. 모든 이방들이 올 것

이며 당신 앞에서 예배할 것인데, 당신의 의롭게여기심이 공개되었기 때문입니다."

204 이 후에 내가 보았는데, 오! 하늘에 증거의 성막의 성전이 열렸으며, 성전에서 일곱 재앙을 가진 일곱 천사가 나왔는데, 깨끗하고 환한 면옷을 입고있었으며 가슴에 금으로된 띠를 띠두르고있었습니다.

205 네 생물 중 하나가 일곱 천사에게, 영원 영원히 살아계신 하나님의 분노가 가득한 일곱 금으로된 대접을 주었습니다.

206 성전이 하나님의 영광과 그분의 능력으로의 연기로 채워졌으며, 일곱 천사의 일곱 재앙이 끝마쳐지기까지 아무도 성전으로 들어갈 수 없었습니다.

207 성전에서 일곱 천사에게 말하는 큰 음성을, 내가 들었습니다. "가라! 그리고 하나님의 분노의 대접들을 땅으로 쏟아라!"

208 첫째가 갔으며, 그의 대접을 땅에 쏟았습니다. 그러자 짐승의 표를 갖고있는 사람들과 그 형상에게 예배하는 자들에게 나쁘고 악한 종기가 났습니다.

209 둘째 천사가 바다에 그의 대접을 쏟았습니다. 그러자 바다가

피가 되었는데, 죽은 자 같았으며, 바다 안에 살아있는 모든 영혼이 죽었습니다.

210 셋째 천사가 그의 대접을 강들과 물들의 샘들에 쏟았습니다. 그러자 피가 되었습니다.

211 물들의 천사가 말하는 것을 들었습니다. "의로우신 주님! 계시며 계셨으며 성결하신 분이시여! 이렇게 심판하셨는데, 그들이 거룩한 자들과 선지자들의 피를 쏟았기에, 당신이 그들에게 마시도록 피를 주신 것이, 마땅하기 때문입니다."

212 제단에서 다른 자가 말하는 것을 들었습니다. "그렇습니다! 전능자 하나님이신 주님! 당신의 심판들은 참이시고 의로우십니다."

213 넷째 천사가 그의 대접을 태양에 쏟았습니다. 그러자 그것에게 사람들을 불로 태우는 것이 주어졌으며, 사람들이 큰 태움에 태워졌으며, 이 재앙들에 대해 권세를 가지신 하나님의 이름을 모독하였으며, 그분께 영광을 드리도록 회개하지 않았습니다.

214 다섯째 천사가 그의 대접을 짐승의 보좌에 쏟았습니다. 그러자 그의 왕국이 어두워지게 되었으며, 아픔으로 자신들의 혀

를 깨물었으며, 자신들의 아픔과 자신들의 종기로 하늘의 하나님을 모독하였으며, 자신들의 행위들을 회개하지 않았습니다.

215 여섯째 천사가 큰 강 유브라데에 그의 대접을 쏟았습니다. 그러자 그 물이 말랐으므로 태양의 동방으로부터 왕들의 길이 준비되었습니다.

216 용의 입에서 짐승의 입에서 거짓선지자의 입에서 개구리와 비슷한 더러운 세 영을, 내가 보았는데, 그들은 표적들을 행하는 귀신들의 영들이기 때문이며, 전능자 하나님의 큰 그 날의 전쟁을 위해, 땅의 왕들에게와 온 천하에 나가서 그들을 모으는 것입니다.

217 "오! 내가 도둑같이 온다.

218 깨어있으며 자기 겉옷을 지킴으로, 벗은채 걸어다니지 않으며, 자기의 남부끄러움이 보이지 않는 자들은 복있다."

219 그가 히브리어로 아마겟돈이라 불리는 장소로 그들을 모았습니다.

장

220절~257절 [개역개정, KJV 16:17~18:24]

바벨론의 멸망 = 지옥 심판

8장

NEW
요한계시록

220 일곱째 천사가 그의 대접을 공기에 쏟았습니다. 그러자 하늘의 성전에서, 보좌에서 말하는 큰 음성이 나왔습니다. "되었다."

221 음성들과 천둥들과 번개들이 일어났으며, 사람들이 땅 위에 있게된 이래 이같이 그토록 큰 지진이 일어나지 않은 것으로써, 큰 지진이 일어났습니다.

222 큰 성이 세 부분으로 되었으며, 이방들의 성들도 무너졌고, 큰 바벨론이 하나님 앞에 기억났는데, 그분의 진노의 분노의 포도주 잔이 그녀에게 주어진 것입니다.

223 모든 섬이 도망하였으며, 산들도 발견되지 않았습니다.

224 한 달란트같은 큰 우박이 하늘에서 사람들에게 내려오며, 그

재앙이 매우 크기에, 우박의 재앙으로 사람들이 하나님을 모독하였습니다.

225 일곱 대접을 가진, 일곱 천사 중 하나가 왔으며, 내게 말하기를, "와라! 많은 물들 위에 앉아있는 큰 창녀의 판결을 네게 보여줄 것인데, 땅의 왕들이 그녀와 음행하였으며 땅에 사는 자들도 그녀의 음행의 포도주에 취해졌다."라고 얘기했습니다.

226 그가 영 안에서 나를 광야로 받아데려갔으며, 나는, 모독의 이름들이 가득하며 일곱 머리와 열 뿔을 갖고있는 붉은 짐승에 앉아있는 여자를 보았습니다.

227 여자는 자주색옷과 붉은옷으로 입고있었으며, 금과 보배로운 돌과 진주들로 치장되었으며, 그녀의 손에는 그녀의 음행의 가증한 것들과 더러운 것들이 가득한 금으로된 잔을 갖고있었고, 그녀의 이마에 '비밀, 큰 바벨론, 창녀들과 땅의 가증한 것들의 어머니'란 이름이 기록되어있었습니다.

228 거룩한 자들의 피와 예수님의 증인들의 피에 취한 여자를 내가 보았는데, 그녀를 보고 큰 기이함으로 기이히여겼습니다.

229 천사가 내게 말했습니다. "무엇 때문에, 너는 기이히여기느

냐? 내가 네게, 여자 및 일곱 머리와 열 뿔을 갖고있으며 그녀를 짊어진 짐승의 비밀을 말할 것이다.

230 네가 본 짐승은, 있었으나 지금없으며 음부에서 올라와 멸망으로 가게 될 것이며, 세상의 창조부터 생명의 책에 이름들이 기록되지 못한, 땅위에 사는 자들은, 있었으나 지금없으며 그럼에도 있는, 짐승을 보고 기이히여길 것이다.

231 지혜를 가진 자의 지각이 여기 있다.

232 일곱 머리는 여자가 그것들 위에 앉아있는 일곱 산이다.

233 일곱 왕이 있는데, 다섯은 무너졌으며 하나는 있으며 다른 자는 아직 오지 않았으며, 올 땐 그는 조금 머물러야 한다.

234 있었으나 지금없는 짐승, 그가 여덟째이며, 일곱 중에 있으며 멸망으로 간다.

235 네가 본 열 뿔은, 열 왕인데, 아직 왕국을 받지 못했으나 다만 왕 같은 권세를 짐승과 함께 한 시간 받는다.

236 이들은 한 정신을 가지고, 자신들의 능력과 권세를 짐승에게 다줄 것이다.

237 이들은 어린양과 전쟁할 것이며, 어린양이 그들을 이길 것인데, 그분은 주님들의 주님이시며 왕들의 왕이시다. 초청한 자들과 선택한 자들과 믿음있는 자들 곧 그분과 함께한 자들도 이길 것이다."

238 그가 내게 말합니다. "네가 본, 곧 창녀가 앉은 물은 백성과 군중이며 이방들과 방언들이다.

239 네가 본 짐승의 열 뿔, 이것들이 창녀를 미워할 것이며, 그녀를 황폐하게 만들것이며, 그녀의 육체들을 먹을 것이며, 그녀를 불로 태울 것이다.

240 하나님께서 그들의 마음에 그의 정신을 행하고 한 정신을 행하는 것을 주셨으며, 하나님의 선포된말씀들이 끝마쳐지기까지 그들의 왕국을 짐승에게 주셨기 때문이다.

241 네가 본 여자는 땅의 왕들에 대한 왕국을 갖고있는 큰 성이다."

242 이 후에, 큰 권세를 가진 천사가 하늘에서 내려오는 것을 보았는데, 땅은 그분의 영광으로 밝게되었습니다.

243 그가 기운있게 큰 음성으로 외쳐 말했습니다. "무너졌다. 큰

바벨론이 무너졌다. 그것은 귀신들의 처소와 모든 더러운 영의 감옥과 모든 더럽고 미움받는 새의 감옥이 되었으니, 모든 이방들이 그녀의 음행의 분노의 포도주를 마셨는데, 땅의 왕들이 그녀와 음행하였으며 땅의 상인들도 그녀의 사치의 능력으로 부요하였다."

244 나는 하늘에서 다른 음성을 들었습니다. "내 백성아! 너희가 그녀의 죄들에 동참하지 않기 위하여 그리고 그녀의 재앙을 받지 않기 위하여, 그녀에게서 나와라! 그녀의 죄들이 하늘까지 따랐으며 하나님이 그녀의 불의한 것들을 기억하셨다.

245 그녀가 너희에게 갚은 것같이 그녀에게 갚아라! 그녀의 행위들대로 두배를 그녀에게 두배갚아라! 섞어부은 잔으로 그녀에게 두배를 섞어부어라!

246 자신에게 영광돌리고 사치한 자들마다, 너희는 그만큼 그녀에게 괴롭힘과 애통을 주어라! 그녀의 마음에, '나는 여왕으로 앉아있으며 과부가 아니며, 결코 애통을 보지 않으리라.'라고 말한다.

247 이러므로 하루 안에, 그녀의 재앙들 곧 죽음과 애통과 흉년이 올 것이며, 그녀는 불로 태워질 것이다. 그녀를 심판하시는 하나님이신 주님은 강하시다.

248 그녀와 함께 음행하고 사치하던 땅의 왕들은 그녀로 울 것이며, 그녀에 대해 가슴칠 것이며, 그녀의 불타올라진 연기를 볼 땐, 그녀의 괴롭힘의 두려움 때문에 멀리서 서서 말할 것이다. '화있다! 화있다! 큰 바벨론 성이여! 강한 성이여! 네 심판이 한 시간 안에 왔다.'

249 땅의 상인들이 그녀에 대해 울고 애통하는데, 그들의 상품을 아무도 더이상 사지 않는다. 상품은 금과 은과 보배로운 돌과 진주와 면화옷과 자주색옷과 비단과 붉은옷과 모든 향나는 통나무와 모든 상아 그릇과 모든 보배로운 통나무로만든 그릇과 동과 철과 옥석과 계피와 향과 향유와 유향과 포도주와 기름과 밀가루와 밀과 소들과 양들과 말들과 수레들과 몸들과 사람들의 영혼이다.

250 네 영혼의 사모함의 익은과일이 네게서 갔으며, 맛있는 것들과 환한 것들 모두가 네게서 갔으니, 결코 더이상 그것들을 발견하지 못하리라.

251 그녀로부터 부유한 자들, 이것들의 상인들은 그녀의 괴롭힘의 두려움 때문에 울며 애통하며 멀리서 서서 말할 것이다. '화있다! 화있다! 면화와 자주색과 붉은색을 입고 금과 보배로운 돌과 진주로 치장된 큰 성이여! 이만한 부유함이 한 시간에 황폐해졌다.'

252 모든 선장과 배 위의 모든 승객 및 선원들과 바다에서 일하는 자들이 멀리서 서서, 그녀의 불타올라진 연기를 보고 소리질러 말했다. '무엇이 그 큰 성과 비슷한가?'

253 그들은 자기들의 머리에 흙을 던졌으며, 울며 애통하며 소리질러 말했다. '자신의 보배로 인해, 바다에 배를 갖고있는 모든 자들을 부유하게하였지만, 한 시간에 황폐해졌기에, 큰 성은 화있다! 화있다!

254 하늘과 거룩한 자들과 사도들과 선지자들아! 그녀에 대해 행복해져라! 하나님께서 너희의 판결로 그녀를 심판하셨다.'

255 한 강한 천사가 큰 맷돌 같은 돌을 들었으며 바다로 던지며 말했다. '큰 성 바벨론이 이같이 달려듦으로 던져질 것이니, 더이상 결코 발견되지 않으리라.'

256 하프연주자들과 음악가들과 피리부는 자들과 나팔부는 자들의 소리가 결코 더이상 네게 들리지 않으리니, 모든 기술의 모든 직공이 결코 더이상 네게 발견되지 않으리니, 맷돌 소리가 결코 더이상 네게 들리지 않으리니, 등잔의 빛이 결코 더이상 네게 나타나지 않으리니, 신랑과 신부의 소리가 결코 더이상 네게 들리지 않으리니, 네 상인들은 땅의 관료들이었으며 네 신접함으로 모든 이방들이 미혹된 것이다.

257 선지자들과 거룩한 자들 및 땅에서 도살당한 모든 자들의 피
가 그녀에게서 발견되었다."

• 전무후무한 성경 •

NEW

REVELATION

• 세계 최초 1:1 대응 번역 •

NEW
요한계시록

장

258절~267절 [개역개정, KJV 19:1~19:10]

어린양의 결혼식 = 천국

9장

NEW
요한계시록

258   이 후에, 하늘에 크고 많은 군중이 말하는 음성을, 내가 들었습니다. "할렐루야! 구원과 영광과 존경과 능력이 우리 하나님이신 주님께 있도다! 그분의 심판들이 참이시며 의로우신데, 그녀의 음행으로 땅을 부패시킨 큰 창녀를 심판하셨으며, 그녀의 손에서 그분의 종들의 피를 원한갚으셨다."

259   그들이 두번째 권고하였습니다. "할렐루야! 그녀의 연기가 영원 영원히 올라간다."

260   24장로들과 네 생물이 엎드렸으며, 보좌에 앉으신 하나님께 예배하여 말했습니다. "진실로! 할렐루야!"

261   보좌에서 음성이 나오며 말했습니다. "너희는 우리 하나님께 찬송해라! 그분의 모든 종들아! 그분을 두려워하는 자들아! 작은 자들과 큰 자들아!"

262 많은 군중의 음성 같고, 많은 물소리 같고, 강한 천둥 소리 같이 말하는 것을, 내가 들었습니다. "전능자 하나님이신 주님께서 왕되셨으니 할렐루야!

263 어린양의 결혼식이 왔으며 그분의 여자가 자신을 준비하였으니, 우리는 기뻐하며, 즐거워하며, 그분께 영광을 드리리라."

264 그녀에게 깨끗하고 환한 면화로된옷을 입도록 주어졌는데, 면화로된옷 거룩한 자들의 의롭게여기심이기 때문입니다.

265 그가 내게 말합니다. "기록해라! 어린양의 결혼식의 잔치로 부름받은 자들은 복있다."

266 그가 내게 말합니다. "이것들은 하나님의 참 말씀들이다."

267 내가 그에게 예배하려고 그의 발 앞에 엎드렸습니다. 그러자 그가 내게 말합니다. "그렇게 보지 말아라! 나는 예수님의 증거를 가진 너와 네 형제들의 동료종이다. 너는 하나님께 예배해라! 예수님의 증거는 예언의 영이기 때문이다."

장

268절~287절 [개역개정, KJV 19:11~20:15]

재림과 심판

10장

NEW
요한계시록

268 하늘이 열리는 것을, 내가 보았는데, 오! 흰 말과 그 위에 앉
으신 분이, 믿음과 참이라 불리며, 의로 심판하시며 전쟁하십
니다. 그분의 눈은 불의 불꽃같고 그분의 머리에는 많은 면류
관들이 있으며, 자신 외에는 아무도 알지 못하게 기록된 이름
을 갖고계시며, 피에 적셔진 겉옷을 입고계셨는데, 그분의 이
름은 '하나님의 말씀'이라 불립니다.

269 흰 말들 위에, 희고 깨끗한 면화로된옷을 입은 하늘에 있는
군사들이 그분을 따랐습니다.

270 그분의 입에서 날카로운 말씀칼이 나오는데, 그것으로 이방
들을 치시기 위함이며, 그분이 철로된 지팡이로 그들을 목양
하실 것이며, 그분이 전능자이신 하나님의 진노의 분노의 포
도주의 포도주 틀을 짓밟으십니다.

271 그분의 겉옷과 넓적다리에 '왕들의 왕, 주들의 주'라고 기록된 이름을 갖고있습니다.

272 한 천사가 태양에 서있는 것을, 내가 보았는데, 큰 음성으로 공중에 날아가는 모든 새들에게 소리질러 말했습니다. "와라! 하나님의 큰 잔치로 모여라! 왕들의 육체와 천부장들의 육체와 강한자의 육체와 말들 및 그 위에 앉은 자들의 육체와, 자유한 자들이나 종들이나 작은 자들이나 큰 자들 곧 모든 자들의 육체를, 너희가 먹기 위함이다."

273 그리고 짐승과 땅의 왕들과 그들의 군사들이, 말 위에 앉으신분 및 그분의 군사와 전쟁을 하려고 모인 것을, 내가 보았습니다.

274 짐승 및 이와 함께, 짐승의 표를 받은 자들과 그의 형상에게 예배하던 자들을 미혹하려고 그 앞에서 표적을 행하던 거짓 선지자도 잡아들여졌는데, 둘이 살아서 유황으로 켜지는 불의 호수로 던져졌습니다.

275 나머지들은 말 위에 앉으신 분의 입에서 나오는 말씀칼에 죽임당했으며, 모든 새들이 그들의 육체로 배불렀습니다.

276 음부의 열쇠와 그의 손에 큰 쇠사슬을 가지고, 하늘에서 내려

오는 천사를, 내가 보았습니다.

277 그가 용, 곧 마귀이며 사탄인 옛 뱀을 붙잡았으며, 그를 천년
을 묶었으며, 그를 음부로 던졌으며, 그것을 닫았으며, 천년
이 끝마쳐지기까지 더이상 이방들을 미혹하지 못하도록 그
위쪽에 인쳤으며, 이 후에 그는 잠시동안 풀려져야 합니다.

278 그리고 나는 보좌들을 보았는데, 사람들이 그 위에 앉아있었
으며, 판결이 그들에게 주어졌습니다. 예수님의 증거 때문에
그리고 하나님의 말씀 때문에 목잘린 자들과 짐승에게도 그
의 형상에게도 예배하지 않고 그들의 이마와 그들의 손에 표
를 받지 않은 자들의 영혼들이었습니다. 그들은 살아있었고
천년을 그리스도와 함께 왕되었습니다. 나머지 죽은 자들은
천년이 끝마쳐질 때까지 위로살아나지 못했습니다.

279 이것이 첫번째 부활입니다.

280 첫번째 부활에 참여함을 갖는 자들은 복있고 거룩한데, 이들
에 대해 두번째 죽음이 권세를 갖고있지 않으며, 다만 하나님
과 그리스도의 제사장이 되어 천년을 그분과 함께 왕될 것입
니다.

281 천년이 끝마쳐질 때, 사탄이 그의 감옥에서 풀려질 것이며,

땅의 네 모퉁이 안에 있는 이방들 곧 곡과 마곡을 미혹하고
그들을 모아 전쟁하려고 나올 것인데, 그 수가 바다의 모래같
을 것입니다.

282 그들이 땅에 넓게 올라왔으며, 거룩한 자들의 진영과 사랑받
는 성을 둘러에워쌌습니다. 그러자 하늘에서 하나님으로부터
불이 내려왔고 그들을 먹어버렸습니다. 그들을 미혹하는 마
귀는 불과 유황의 호수로 던져졌는데, 그곳에 짐승과 거짓선
지자도 던져졌으며, 그들은 영원 영원히 낮과 밤 괴로워할 것
입니다.

283 크고 흰 보좌와 그 위에 앉으신 분을, 내가 보았는데, 그분의
얼굴에서 땅과 하늘이 도망하였으며, 그들에 대한 장소가 발
견되지 않았습니다.

284 죽은 자들 곧 작은 자들과 큰 자들이 하나님 앞에 서있는 것
을, 내가 보았는데, 책들이 열렸으며, 다른 책이 열렸는데, 곧
생명의 책입니다. 죽은 자들이 자기들의 행위들을 따라 책들
에 기록된 것으로 심판받았습니다.

285 바다가 그 안에 죽은 자들을 주었으며, 죽음과 지옥도 그 안
에 죽은 자들을 주었으며, 각각 그들의 행위들을 따라 심판받
았습니다.

286 죽음과 지옥이 불의 호수로 던져졌는데, 이것이 둘째 죽음입
니다.

287 누구도 그 생명의 책에 기록되었다고 발견되지 못하면, 불의
호수로 던져졌습니다.

11

장

288절~319절 [개역개정, KJV 21:1~22:5]

새 하늘과 새 땅 그리고 새 예루살렘

11장

NEW
요한계시록

288 내가 새 하늘과 새 땅을 보았는데, 첫번째 하늘과 첫번째 땅이 지나갔으며, 바다가 더이상 있지 않기 때문입니다.

289 나 요한은 거룩한 성, 새 예루살렘이 하늘에서 하나님에게서 내려오는 것을 보았는데, 신부가 자기 남자에게 꾸며진 것같이 준비된 것입니다.

290 나는 하늘에서 큰 음성을 들었는데, "오! 하나님의 성막이 사람들과 함께 있으니, 그들과 함께 장막쳐거하실 것이며, 그들은 하나님의 백성이 될 것이며, 하나님 자신이 그들과 함께 그들의 하나님이 되실 것이다.

291 하나님이 그들의 눈에서 모든 눈물을 지우실 것이며, 죽음이 더이상 없을 것이며, 애통도 소리지름도 아픔도 더이상 없을 것인데, 첫번째 것들은 갔다."

292　보좌에 앉으신 분이 말씀하셨습니다. "오! 내가 새 모든 것들을 만든다."

293　그리고 내게 말씀하십니다. "너는 기록해라! 이 말씀들은 참이며 믿을만하다."

294　그리고 내게 말씀하셨습니다. "이루었다.

295　나는 알파와 오메가이며, 처음과 끝이다.

296　내가 목마른 자에게 생명의 물의 샘에서 값없이 줄 것이다.

297　이기는 자는 모든 것을 상속받을 것이며, 나는 그에게 하나님이 될 것이며, 그는 내게 아들이 될 것이다.

298　무서워하는 자들과 믿음없는 자들과 가증한 자들과 살인자들과 음행하는 자들과 신접자들과 우상숭배자들과 모든 거짓된 자들에게, 불과 유황으로 켜진 호수에 그들의 참여함이 있는데, 이것이 둘째 죽음이다."

299　마지막 일곱 재앙이 가득한 일곱 대접을 가진 일곱 천사들 중 하나가 내게 왔으며, "와라. 어린 양의 신부인 여자를 네게 보여주리라."라는 말로 내게 얘기했습니다.

300 그리고 그가 나를 영 안에서 크고 높은 산위로 받아데려갔으며, 하나님으로부터 하늘에서 내려오는 큰 성, 거룩한 예루살렘을 내게 보여주었는데, 하나님의 영광을 갖고있고, 그것의 빛남은 보배로운 돌과 비슷하며 수정처럼환한 다이아몬드 돌과 같았고, 크고 높은 성벽을 갖고있고, 열두 대문을 갖고있고, 대문에는 열두 천사가 있으며, 이스라엘 아들 열두 지파의 이름들이 새겨져 있었습니다.

301 동편에 세 대문, 북편에 세 대문, 남편에 세 대문, 서편에 세 대문입니다.

302 성의 성벽은 열두 기초들을 갖고있고, 그 안에 어린양의 열두 사도의 이름이 있었습니다.

303 내게 얘기하는 자가 금으로된 갈대를 갖고있는데, 성과 그 대문들과 그 성벽을 측정하기 위함입니다.

304 성은 사각으로 놓여있고, 그 길이는 너비만큼입니다.

305 그가 갈대로 성을 측정하였는데 2,200km였으며, 그 길이와 너비와 높이가 똑같았습니다.

306 사람의 분량 곧 천사의 분량으로 그 성벽을 측정하였는데,

65m입니다.

307 그 성벽의 외장은 다이아몬드였으며, 성은 깨끗한 유리와 비슷한 깨끗한 금이었고, 그 성의 성벽의 기초들은 모든 보배로운 돌로 꾸며졌습니다.

308 첫번째 기초는 다이아몬드이며, 두번째는 사파이어이며, 세번째는 캘서더니이며, 네번째는 에머럴드이며, 다섯번째는 사더닉스이며, 여섯번째는 루비이며, 일곱번째는 크리솔라이트이며, 여덟번째는 베릴이며, 아홉번째는 토파즈이며, 열번째는 크리서프레이즈이며, 열한번째는 저신스이며, 열두번째는 자수정이었습니다.

309 열두 대문은 열두 진주였으며, 각각의 대문 한 개씩 한 개의 진주로 되어있으며, 그 성의 큰거리는 맑은 유리 같은 깨끗한 금이었습니다.

310 나는 그 안에서 성전을 보지 못했는데, 전능자 하나님이신 주님과 또한 어린양이 그 성전이시기 때문입니다.

311 성은 그 안을 나타내는 태양도 달도 필요를 갖고있지 않는데, 하나님의 영광이 그것을 밝게하였으며 그 성의 등잔이 어린양이셨기 때문입니다.

312 그 빛 안에서 구원받은 이방들이 걸어다닐 것이며, 땅의 왕들이 자신들의 영광과 존경을 그리로 가져옵니다.

313 그 대문들은 결코 날마다 닫히지 않을 것인데, 거기는 밤이 없을 것이기 때문입니다.

314 이방들이 영광과 존경을 그리로 가져올 것입니다.

315 어린양의 생명의 책에 기록된 자들 외에는, 더럽힌 자나 또한 가증한 것이나 거짓을 행하는 자는 모두 결코 그리로 들어가지 못할 것입니다.

316 그가 내게, 하나님과 어린양의 보좌에서 나오는, 수정같이 환한, 깨끗한 생명의 물의 강을 보여주었습니다.

317 그 큰거리 한가운데와 강의 이쪽과 저쪽에 열두 열매를 맺는 생명의 통나무가 있는데, 각각 한 달마다 그 열매를 제공하며, 이방들의 고침을 위한 통나무의 잎사귀들을 제공하였습니다.

318 모든 저주가 더이상 없을 것이며, 하나님과 어린양의 보좌가 그 안에 있을 것이며, 그분의 종들이 그분께 충성할 것이며, 그분의 얼굴을 볼 것이며, 그들의 이마에 그분의 이름이 있을

것입니다.

319 하나님이신 주님께서 그들을 밝게하시기에, 거기에 밤이 없을 것이며, 등잔과 태양의 빛이 필요를 갖고있지 않습니다. 그들이 영원 영원히 왕될 것입니다.

NEW

REVELATION

320절~**337**절 [개역개정, KJV 22:6~22:21]

재림의 약속

12장

NEW
요한계시록

320 "이 말씀들은 믿을만하며 참인데, 선지자들의 거룩하신 하나님이신 주님께서 신속히 되어져야 하는 일들을 자기 종들에게 보여주시려고 그분의 천사를 보내셨다."라고 그가 내게 말했습니다.

321 "오! 내가 속히 온다.

322 이 책의 예언의 말씀들을 지키는 자가 복있다."

323 이것들을 보고 들은 나 요한은, 내가 듣고 볼 때, 내게 이것들을 보여주던 천사의 발 앞에 예배하려고 엎드렸습니다.

324 그가 내게 말합니다. "그렇게 보지 말아라! 나는 너와 네 형제들인 선지자들과 이 책의 말씀들을 지키는 자들의 동료종이기 때문이니, 너는 하나님께 예배해라!"

325 그가 내게 말합니다. "때가 가까우니, 이 책의 예언의 말씀들을 인치지 말 것이다.

326 불의한 자는 여전히 불의하게해라! 불결한 자는 여전히 불결하게해라! 의로운 자는 여전히 의롭게여겨져라! 거룩한 자는 여전히 거룩하게되어라!

327 오! 내가 속히 온다. 자신의 행위대로 각각에게 갚을 나와 함께있는 내 보상이 있을 것이다.

328 나는 알파와 오메가이며, 처음과 끝이며, 첫번째와 마지막이다.

329 그분의 계명들을 행하는 자들은 복있으니, 생명의 통나무에 대한 그들의 권세가 있을 것이며, 대문들로 성에 들어가리라.

330 밖에는 개들과 신접자들과 음행하는 자들과 살인자들과 우상숭배자들과 거짓을 좋아하며 만드는 모든 자들이다.

331 나 예수는 이것들을 너희에게 증거하려고 교회들에게 내 천사를 보냈는데, 나는 다윗의 뿌리요 종족이며, 환한 새벽의 별이다."

332 영과 신부가 말씀하십니다. "와라! 그리고 듣는 자도 '와라!' 라고 말해라!

333 목마른 자도 와라! 그리고 원하는 자는 생명의 물을 값없이 받아라!"

334 이 책의 예언의 말씀들을 듣는 모두에게 내가 함께증거하기 때문인데, 누구라도 이것들에 얹는다면, 하나님이 그에게 이 책에 기록된 재앙들을 얹을 것이며, 누구라도 이 예언들의 책의 말씀들에서 없앤다면, 하나님이 이 책에 기록된, 생명의 책에서 또한 거룩한 성의 그의 참여함을 없앨 것입니다.

335 이것들을 증거하신 분이 말씀하십니다. "그렇다! 내가 속히 온다."

336 "진실로! 그렇습니다! 오십시오! 주 예수님!"

337 우리 주님 예수 그리스도의 은혜가 너희 모든 자들과 함께 있을지어다! 진실로!

NEW

REVELATION

NEW
요한계시록

박경호헬라어스트롱사전

[1:1 한글 대응]

NEW 마태복음, NEW 누가복음, NEW 마가복음
NEW 요한복음, NEW 요한계시록에 사용된 단어를 수록하였습니다

스트롱코드	뜻
1	알파
3	아바돈
5	아바
6	아벨
7	아비야
9	아빌레네
10	아비훗
11	아브라함
12	음부
15	선행하다
18	선한, 선한 (자)(것)
20	즐거움
21	즐거워하다
23	분내다
25	사랑하다
26	사랑
27	사랑한, 사랑하는, 사랑받는
29	강요하다
30	그릇
32	천사, 전달자
34	떼
37	거룩하다, 거룩하게하다
40	거룩한 (자)(분)
43	팔뚝
44	낚시
46	말끔한
48	성결케하다
50	못통찰하다
58	시장

스트롱코드	뜻
59	사다
61	어획
63	들에있다
64	트집잡다
66	야생
68	밭, 촌, 들
69	잠자지못하다, 잠자지못하게하다
71	끌려가(오)다, 끌고가(오)다
74	영적싸움
75	힘쓰다
79	자매, 누이
80	형제
82	분명치않은
85	슬퍼하다
86	지옥
91	불의를따라보응하다, 불의하다, 불의하게하다
92	불의한것
93	불의
94	불의한 (자)
101	능치못하다
102	불가능한 (것)
103	노래하다
104	언제나
105	독수리
106	무교절
107	아소르
109	공기(air)
114	저버리다

121	부당한	175	열매없는
123	해변	181	소란
125	애굽	185	순결하다
129	피, 혈통(복수)	187	익다
131	피흘리다	188	아직까지
134	찬송하다	189	소문
136	찬송	190	따르다
137	애논	191	듣다(수동 : 들리다)
140	선택하다	192	무능력
142	들고가다, 들어라(명령), 들려져라(명령), 들고오다, 들려가진, 들다	194	섞인것이없는
		198	자세히묻다
		199	자세히, 자세하게
143	감지하다	200	메뚜기
152	수치	206	맨끝
153	수치스럽다	208	폐하다
154	구하다	211	옥합
155	요구	214	징징대다
156	죄목	216	말못하는 (자)
158	죄명	217	소금
160	홀연히	218	기름바르다
161	포로(여성, 지옥)	219	닭소리
163	포로잡다(수동 : 포로잡히다)	220	닭
164	포로(남성, 천국)	223	알렉산더
165	세상, 영원	224	가루
166	영원한	225	진리
167	더러움	227	참된
168	더러운것 (명사)	228	참, 참인
169	더러운	229	(매)갈다
173	가시나무	230	참으로
174	가시	231	어부

232	물고기잡다	288	포도나무
233	짜게하다	289	포도원지기
235	다만	290	포도원
237	다른쪽으로	293	그물
239	할렐루야	294	입히다(수동 : 입다)
240	(3인칭)남(들) (2인칭)서로를, 서로에게 (1인칭복수)우리끼리	296	사거리
		297	둘
241	외국인	299	흠없는 (자)
242	솟아나다	300	아몬
243	다른, 다른쪽	302	~마다, ~것이며, ~(하)든지
245	남(타인을 지칭)	303	씩(단위), 위쪽
250	알로에	†303	한가운데위쪽의
251	짠물	305	(물에서)올라오다, (산에)올라가다
254	쇠사슬	307	끌어내다
256	알패오	308	올려보다
257	타작마당	309	올려봄
258	여우	310	탄원하다
260	한가지로	312	보고하다
264	범죄하다	314	읽다
265	범죄	315	강권하다
266	죄, (복수)죄들	318	부득이함
268	죄인, 죄있는	321	이끌다(수동 : 이끌려지다)
271	자수정	322	임명하다
272	등한히여기다	323	임명
273	흠없이	326	위로살아나다 (영적으로 살아나는 것)
275	걱정없게(없도록)		
281	진실(로)	327	찾다
284	아미나답	331	욕설
285	모래	332	욕설하다
286	흠없는양	334	헌물

335	강청함		390	활동하다, 엎다
337	죽이다		392	저술하다
338	무죄한		393	솟아오르다
339	바르게앉다		395	(복수)동방, 동편 (단수)동쪽
344	돌이키다(영적으로 돌아감)		398	위로나타나다
345	앉아식사하다		399	올리다
347	앉다, 앉히다		400	높이부르다
349	부르짖다		402	물러가다
350	판단하다		406	안드레
352	펴서일어나다		413	없어지지않는
353	승천하다		414	참을만하다
354	승천		417	바람
355	분리소멸하다		418	불가능한
358	짠맛없는		424	위로가다
360	풀려나다		429	발견해내다
361	죄없는자		430	용납하다
363	위로부터생각나다		432	회향
364	위로부터생각남		435	남자
372	쉼		436	대적하다
373	쉬다, 쉬게하다		437	감사하다
375	올려보내다		439	숯불
376	앉은뱅이		442	인간
377	비스듬히앉다		443	사람죽이는자
378	이루다		444	사람
380	두루말아펴다		449	씻지않은
381	불붙다		450	일어서다, 일어나게하다
383	선동하다		451	안나
385	끌어올리다		452	안나스
386	부활		453	통찰력없는 (자)
389	위로부터탄식하다		454	지각없음

455	열다	514	마땅한
458	불법	515	당연하다
459	불법자	518	알려주다
461	똑바로일어나다	519	목매달다
465	교환	520	잡아끌고가다
467	보답하다	522	(수동 : 빼앗기다)
468	보답	523	돌려달라하다
470	반박하다	525	변화하다
471	변박하다	527	연한, 연하게
472	중히여기다	528	만나다
473	대신, 대응하는, 이어, ~에 대하여, 대	529	만남
		533	거부하다
474	주고받다	534	지금부터
476	소송자	535	준공
479	답례로부르다	536	첫열매
480	적대하다	537	일체모든 (것)(자)
482	돕다	539	유혹
483	반대하다(수동 : 반대당하다)	544	불순종하다
488	반대로측정하다	545	순종하지않는 (자)
492	피해지나가다	560	바라다
493	안디바	561	맞은편(에서)
495	반대편	565	퍼지다, 가다(오다)
501	(물)뜨다	568	떨어져있다
502	물뜨는것	569	안믿다
504	물없는	570	믿음없음
507	위	571	믿음없는
508	다락방	573	성한
509	위, 위부터, 위로부터	575	~(로)부터,~로, ~에게서, ~출신, 벗어나, 떨어진, ~이래
511	(더)위로		
513	도끼	576	떠나오다

577	내어버리다
582	호적
583	호적하다
586	십일조드리다
588	환영하다
589	외국나가다
590	외국나가는
591	갚다, 제공하다
593	버리다(수동 : 버림받다)
596	곳간
598	밀치다
599	죽다
600 (†600b)	회복하다, 회복시키다
601	나타나다
602	계시
606	따로놓다
607	목베다
608	봉쇄하다
609	잘라버리다
611	대답하다
612	대답
613	숨기다
614	숨긴
615	죽이다(수동 : 죽임당하다)
617	굴리다
618	받아가지다, 받아들이다
621	핥다
622	멸(망)하다, 멸망시키다
623	아볼루온

626	설파하다
629	구속
630	놓아보내다
631	털어버리다
633	씻다
635	끌어미혹하다
637	세척하다
638	질식시키다(수동 : 질식되다)
639	혼란케하다 (중간태:혼란스러워하다)
640	혼란
645	빼다(칼을)
647	이혼
648	뜯어내다
649	(사람)보내다 : 떠나보내는 것
650	속이다
652	사도
653	꼬투리잡다
654	돌이켜머물다
656	출교의
657	작별하다
660	떨쳐버리다
667	받아데려가다 (수동 : 받아데려가지다)
672	떠나가다
673	갈라서다
674	기절하다
680	만지다
681	켜다
684	멸망

†686	이미, 그래서, 그렇다면	732	병든 (자)
687	의문접두사(~느냐?)	737	지금
689	람	740	빵
692	무익한	741	간맞추다
†693	은으로된	744	옛(사람)
694	은	745	아켈라오
696	은	746	처음, 처음실권자, 실권
700	기쁘게하다	749	대제사장
701	기쁘게하는 (것)	752	회당장
704	양	754	세금징수장
705	(숫자 등을)세다(수동 : 세어지다)	755	연회장
706	수, 숫자	756	시작하다
707	아리마대	757	통치하다
709	정찬하다	758	통치자
712	정찬	759	향품
713	충분하다, 족한	760	아사
714	족하다	762	꺼지지않는
715	곰	766	호색
716	병거	768	아셀
717	아마겟돈	769	연약함
720	부인하다	770	병들다
721	어린양	772	연약한 (자)
722	밭갈다	773	아시아
723	쟁기	779	부대(통을 말함)
724	탐심	782	평안인사하다
726	빼앗다	783	평안인사
727	토색하는	787	앗사리온
729	깁지않은	792	별
730 (†730)	남성	796	번개
		797	번쩍이다

798	뭇별
801	못깨닫는
803	확신
805	확고하게하다
806	단단히
808	남부끄러움
811	구원없이
815	자녀없는
816	주목하다
817	없는중에
818	천대하다
820	존경없음
821	존경받지않다(수동 : 존경주지않다)
824	이상한
832	피리불다
833	뜰
834	피리부는자
835	유하다
837	자라다, 커지다
839	내일
840	엄한
844	저절로
845	목격자
846	그의(인칭대명사NP)
848	그분
851	없애다(수동 : 없어지다)
853	상하게하다
855	안나타나는
856	뒤
859	사함

863	허용하다, 버려두다, 사하다
868	떠나다
870	두려움없이
873	갈라내다
875	거품흘리다
876	거품
877	지혜없음
878	지혜없는 (자)
879	선잠자다, 선잠드시다(높임말)
881	아하스
884	은혜모르는 (자)
885	아킴
886	손으로만들지않은
888	마땅치않은
891	(에)까지
892	쭉정이
894	쑥(풀의 종류)
897	바벨론
899	깊이
900	깊게하다
901	깊은
902	실가지
903	발람
904	발락
905	지갑
906	(내)던지다(수동 : (내)던져지다), 넣다
907	세례주다(수동 : 세례받다)
908	세례
909	씻음

910	세례(요한)	950	확증하다
911	(물을 등을)찍다, 적시다	953	무시하다
912	바라바	954	바알세불
914	바라갸	958	베냐민
916	피곤하다 (수동 : 피곤해지다)	962	베다바라
917	둔하게	963	베다니
918	바돌로매	964	베데스다
920	바요나(요나의 아들)	965	베들레헴
922	짐	966	벳새다
924	바디매오	967	벳바게
925	무겁게하다	968	재판석
926	무거운 (것)	969	베릴
927	귀한(최상급: 매우귀한)	971	침략하다 (수동 : 침략되다, 침략당하다)
928	괴롭히다(수동 : 괴로워하다)		
929	괴롭힘	973	침략자
930	고문자	974	작은책
931	고통	975	책
932	왕국	976	책
933	왕궁	977	받아먹다
935	왕	979	살림
936	왕되다	982	생활의
937	왕족(AP)	984	상하게하다
938	여왕	985	싹나다
941	짊어지다	987	모독하다
942	가시덤불	988	모독
943	22리터(22L)	991	바라보다, 보다
944	개구리	992	붓는
945	헛된반복하다	993	보아너게
946	가증한것	994	외치다
948	가증하다, 가증히여기다	997	돕다

999	구덩이
1000	던짐
1003	보아스
1005	(복수)북방, 북편 (단수)북쪽
1006	먹다, 먹이다
1009	송이
1010	공회의원
1011	계획하다
1012	뜻(하심)
1014	뜻하다
1015	작은산
1016	소(동물)
1021	느린
1023	팔(신체)
1024	쪼금
1025	아기
1026	비내리다
1027	천둥
1028	비
1030	갊(이를, 이빨을)
1033	양식
1034	먹을것
1035	먹는것
1036	가라앉다(수동 : 가라앉혀지다)
1039	면화의, 면화로된(옷)
1040	면화옷
1042	가바다
1043	가브리엘
1045	갓
1046	거라사인

1049	헌금함
1055	고요함
1056	갈릴리
1057	갈릴리인
1060	결혼하다
1061	결혼하다(여자측에서)
1062	결혼식
1063	왜냐하면, ~때문이다
1064	자궁
1065	허나
1067	지옥불
1068	겟세마네
1069	지인
1070	웃다
1072	채우다(수동 : 채워지다)
1073	가득하다
1074	세대
1077	생일
1078	낳으심
1079	출생
1080	낳다
1081	낳은 것, 난 것
†1081	난 것
1082	게네사렛
1083	태어남, 태어나심
1084	낳은자
1085	종류(동물, 물건), 종족(귀신, 사람)
1088	늙음
1089	맛보다
1092	농부

1093	땅	1138	다윗
1094	쇠함	1139	귀신들리다
1095	늙다	1140	귀신
1096	되다, 생기다, 일어나다, 이루다, 나다, (있게)되다	1142	귀신
		1144	눈물
1097	알다(동침하다는 뜻)	1145	눈물흘리다
1099	달다(단맛을 말함)	1146	반지
1100	혀, 방언	1147	손가락
1101	돈궤	1148	달마누다
1102	빨래하는 자	1150	제어하다
1106	정신	1155	빌리다, 빌려주다
1107	알게하다	1156	빚
1108	지식	1157	채권자
1110	아는 (자)	1158	다니엘
1111	원망하다	1159	낭비하다
1115	골고다	1160	비용
1117	상품	1161	그리고, 그러나, 그러자, 그래서
1118	부모	1162	간구
1119	무릎	1163	~해야 한다, 해당하다
1120	무릎꿇다	1166	보여주다
1121	글자	1168	무서워하다
1122	서기관	1169	무서워하는 (자)
1124	성경	1170	아무
1125	기록하다(수동 : 기록되다)	1171	몹시
1127	깨어있다	1172	잔치하다
1131	벗은(채), 벗은(몸) (자)(AP)	1173	잔치
1132	벌거벗음	1176	10, 열
1135	여자	1178	15, 십오
1136	곡	1179	데가볼리
1137	모퉁이	1180	14, 열넷

1182	(서수) 제 10, 열째, 열번째, 십분의일		1228	마귀
			1229	일러주다
1184	받아들여지는		1230	지나다
1186	나무		1232	마음에간직하게하다
1188	오른쪽(단수), 오른편(복수), 오른쪽것(형대단수)		1234	심히원망하다
			1235	완전히깨다
1189	간청하다		1238	면류관
1193	가죽		1239	다주다
1194	때리다(수동 : 맞다)		1241	세게두르다
1195	묶다		1242	계약
1196	동여매다(수동 : 동여매어지다)		1244	분할하다
1197	단		1245	청소하다
1198	죄수		1247	섬기다
1199	결박		1248	섬김
1203	주권자		1249	섬기는자
1204	오다		1250	200, 이백
1205	오다		1252	판가름하다
1207	첫번째 후 두번째		1254	말리다
1208	둘째, 두번째		1255	이야기나누다
1209	영접하다		1256	논쟁하다
1210	묶다		1257	그만두다
1211	이제		1259	화해하다
1212	분명한		1260	의논하다
1220	데나리온		1261	의논
1221	어떤~하더라도(하든지)		1263	낱낱이증거하다
1223	~를 통해, ~때문에, ~동안, ~로, 내내		1265	항상머물다
			1266	나누다
1224	건너지나가다		1267	나눔
1225	일러바치다		1269	몸짓하다
1227	밝히보다		1270	의도

1271	뜻	1318	가르치는
1272	밝히열다	1319	교훈
1273	밤새다	1320	선생(님)
1275	늘	1321	가르치다(수동 : 가르침받다)
1276	건너가(오)다	1322	가르침
1279	꼼꼼히지나가다	1323	두드라크마
1280	당황하다	1324	디두모
1281	철저히장사하다	1325	주다(수동 : 주어지다), 드리다(높임말)
1283	늑탈하다		
1284	찢다(수동 : 찢어지다)	1326	깨어나다, 깨우다
1285	고하다	1327	광장
1286	강포하다	1329	통역해주다
1287	흩다(수동 : 흩어지다, 흩어버리다)	1330	거쳐가다
1288	끊다	1332	두살
1290	흩어진자	1334	각인시키다
1291	경계하다	1335	내력
1294	거역하다	1339	간격떨어지다
1295	구해주다(수동 : 구함받다)	1340	힘주다
1298	심히요동하다	1342	의인, 의로운 것, 의로운
1299	지정하다	1343	의
1301	철저히지키다	1344	의롭게여기다
1302	무엇때문에	1345	의롭게여기심
1303	맡겨두다	1346	의롭게
1304	거하다	1348	재판장
1307	맑은	1350	그물
1308	귀하다, 꼭가져가다	1352	때문에
1310	소문내다(수동 : 소문나다)	1353	철저히길따라가다
1311	썩게하다	1358	구멍뚫다
1314	굳게지키다	1360	~한 것 때문에
1316	단절하다	1362	두배

번호	뜻	번호	뜻
1363	두배같다	1416	(태양 등이)지다
1364	두번	1417	2, 둘
1365	의심하다	1419	지기어려운
1366	양날의	1422	고민되는
1367	이천(2,000)	1423	고민되게
1368	걸러내다	1424	(복수)서방, 서편 (단수)서쪽
1369	불화시키다	1427 (†1427)	12, 열둘
1371	두배때리다	1428	(서수) 제 12, 열두번째
1372	목마르다	1430	지붕
1375	핍박	1431	선물
1377	핍박하다(수동 : 핍박받다)	1432	값없이
1378	문서	1433	내어주다
1380	생각하다, 생각나다	1435	예물
1381	분변하다	1436	으악!
1385	들보	1437	QV누구든지, 만약~다면, 비록~한다해도, ~대로
1388	계략	1438	속, 자신, (예외:그것들), 스스로
1390	줄것	1439	허락하다
1391	영광	1440	70, 칠십
1392	영광돌리다(수동 : 영광받다), 영광스럽게하다	1441	70번, 일흔번
1398	섬기다	1442	(서수) 제 7, 일곱째
1399	여종	1444	히브리
1401	종	1447	히브리어
1403	초청잔치	1448	가까오다 (완료 : 가까왔다)
1404	용(dragon)	1451	가까운, 가까이
1407	낫	1453	일어나다. 일으키다
1410	~할 수 있다	1454	일어남
1411	능력	1455	정탐하는 자
1413	능력자	1456	수전절
1415	능력있는 (자)		

1459	버리다
1470	넣다
1471	양수로배부른
1472	도포하다
1473	나, (복수)우리
1474	굳어버리게하다
1478	히스기야
1480	관례하다
1482	이방인
1484	이방(들), 이방인
1485	전례
1486 (†1486)	전례화하다
1487	만약(jh넣고, js뺌), ~하겠느냐, 만약 ~(할)까, ~(한)지, ~(다)면
1491	모습
1492 (†1492)	알다
1494	우상제물(의)
1496	우상숭배자
1497	우상
1500	공연히
1501	20, 이십
†1501a	25, 이십오
†1501b	24, 이십사
1504	형상
1507	둘둘말다(수동 : 둘둘말리다)
1510	이다, 있다, 계시다(높임말), 속하다, (지금)있다, 되다
1514	평안하다

1515	평안
1518	평안케하는 (자)
1519	~로, ~로서, ~하도록, 까지, ~에 대해, 겨냥하는, 위해, ~(에) 이르는, (으)로, ~(을) 향하여
1520	일(1), 한(명)
1521	데리고들어가다(오다)
1522	듣다(수동 : 들리다)
1525	들어가다, 들어오다
1531	들어가다, 들어오다
1533	끌려들어가다, 끌고들어가다
1534	후에
1537	~에게서, ~에(서), ~(로)부터(의), 출신으로, ~중(에), 중 일부, 중 하나, ~(으)로, ~인해, 를(을) ~에의
1538	각각(에게)(의)
1540	100, 백
†1540	144, 백사십사
1542	백배(100배)
1543 (†1543)	백부장
1544	내보내다
1547	시집가다
1548	시집가다
1551	고대하다
1554	임대하다
1556	원한갚다
1557	원한갚음
1559	박해하다

1562	발가벗기다	1621	떨어버리다
1563	거기(에)(는), 거기서, 거기로	1622	겉
1564	거기서, 거기	1623	(서수) 제 6, 여섯째
1565	그(곳), 그(녀), 그(자)	1627	가지고나오다
1567	찾아내다	1628	피하다
1568	순간놀라다(수동 : 순간놀라워하다)	1630	심히두려운
1573	절망하다	1631	내밀다
1574	찔러버리다	1632	쏟다(수동 : 쏟아지다)
1577	교회	1633	빠져나오다
1580	메고나오다(수동 : 메고나와지다)	1636	올리브(나무)
1581	찍어버리다(수동 : 찍혀버려지다)	1637	기름
1582	열심이다	1640	미달된
1584	빛나다	1642	미달하다
1586	택하다	1643	(수동 : 밀려가다)
1587	바닥나다	1645	가벼운
1588	선택한 (자)	1646	가장작은(비교급)
1590	(수동 : 낙심되다)	1648	엘르아살
1591	씻기다	1651	책망하다
1592	우습게여기다	1652	가련한 (자)
1593	물러나다	1653	긍휼히여기다
1598	시험하다	1654	구제
1601	떨어져나가다	1655	긍휼히여기는 (자)
1605	놀라다(수동 : 놀라워하다)	1656	긍휼
1606	영이나가다	1658	자유한 (자)
1607	나오다	1659	자유케하다
1610	뽑다	1661	상아
1611	경이로움	1662	엘리아김
1614	내밀다	1664	엘리웃
1615	완성하다	1665	엘리사벳
1617	(더)적극적으로	1666	엘리야

1668	종기
1669	종기앓다
1670	끌어당기다
1671	헬라
1672	헬라인
1673	고대그리스
1674	헬라인(여자)
1676	헬라어
1679	소망하다
1682	엘로이(아람어)
1682	저자신
1683	나자신, 저자신
1684	(배로)오르다
1685	던져넣다
1686	넣다
1689	쳐다보다
1690	엄히경계하다
1692	토하다
1694	임마누엘
1699	나의(것), 내것, 우리의(것)
1702	희롱하다(수동 : 희롱당하다)
1705	만족하게하다(수동 : 만족되다)
1706	빠지다
1711	장사(매매를 말함)
1712	거래
1713	상인
1714	불태우다
1715	앞에((서)의), 앞서
1716	계속침뱉다 (수동 : 계속침뱉음당하다)

1718	나타나다, 나타내다
1719	두려움에빠진
1720	숨을내쉬다
1722	안에,~에서, 입은, 중에(는), ~시, 있는
1723	팔뚝에안다
1726	앞에서
1727	대항하는
1733	11, 열한(기수)
1734	(서수) 십일(11), 열한번째
1735	존재하다
1737	옷입다
1739	외장
1741	영광스러운
1742	옷
1746	입다, 입히다
1748	매복하다
1750	둘러싸다
1751	율법안에있다
1752	~하기에, 인하여
1754	역사하다
1758	달라붙다
1759	여기서, 여기로
1760	생각하다
1761	생각
1763	해, 한해, 년
1765	힘있게하다
1766 (†1766)	(서수) 제 구, 아홉째
1767	9, 아홉

1768	99, 아흔아홉
†1768	90, 아흔
1770	머리신호하다
1773	한밤에
1777	처벌된
1778	명(命)
1779	장사지내다
1780	장사
1781	명하다
1782	이쪽(에)(에서)(을), 저쪽(에)(에서)(을)
1784	존귀한
1785	계명
1787	안(에)
1788	선대되다(수동 : 선대하다)
1794	말다
1799	앞, 앞에(서)
1803	6, 육
1806	데리고나가다
1807	빼다
1809	청구하다
1810	갑자기
1812	600, 육백
1813	지우다
1816	싹나다
1817	일어서게하다
1819	문득
1821	보내다
1823	찬란하다
1831	나오다, 나가다

1832	옳다
1833	캐묻다
1834	표현하다
1835	육십
1836	그다음날
1839	놀라다, 놀라게하다
1841	별세
1843	공개발언하다
1844	맹세로말하게하다
1846	뚫다
1847	(수동 : 멸시당하다)
1848	멸시하다
1849	권세, (정관사3588+)권세자
1850	집권하다
1852	잠깨다
1854	밖에, 밖으로, 바깥에, 밖에서
1855	겉, 겉으로는
1857	더바깥(비교급)
1859	명절
1860	약속하신 것
1861	약속하다
1865	모여있다
1867	칭찬하다
1869	(눈을)들다, 높이다
1870	부끄러워하다
1871	구걸하다
1872	따라가다, 따라오다
1875	~거든, ~하면(가정법X, 상황○)
1877	(수동 : 이끌어내어지다)
1879	머물러쉬다, 머물러쉬게하다

1880	올라와있다		1937	탐하다(탐함), 사모하다
1881	대적하다		1939	사모함, 욕심
1883	위쪽에(서), ~이상에		1940	올라앉다
1887	다음날		1941	일컫다
1888	현장에서		1944	저주아래
1893	다음, ~이었기에, 그러하다면		1945	앞에놓다
1895	~차에		1948	판결내리다
1896	돌보다		1949	붙들다
1899	그런다음		1950	잊어버리다
1903	덧옷		1951	칭하다
1904	와서머물다		1956	풀어주다
1905	묻다(수동 : 물음당하다)		1959	책임지다
1907	머물러있다		1960	부지런히
1908	모욕하다		1961	계속머물다
1909	당시, ~에 대해, 맡아, 맡겨, 대고, 대(대응할때), 부분에서, ~위에 ~위로, 옆에, ~대한		1964	거짓맹세하다
			1967	일용할
			1968	임하다
1910	타다		1975	도달하다
1911	붙이다, (손을)대다		1976	꿰매다
1913	태우다(짐승 위에)		1977	걸치다
1914	관심가지다		1978	유명한
1915	조각(천에 쓰였음)		1979	식사거리
1918	장가들다		1980	돌아보다
1919	땅의것		1982	덮다
1921	알다		1984	돌봄받는직분
1923	글		1987	잘알다
1924	새기다		1988	스승님
1925	보이다		1994	돌아오다, 돌아오게하다, 돌아가다 (수동 : 돌아와지셔서), 뒤돌다
1929	건네주다			
1934	간구하다			

1996	모으다	2051	분쟁하다
1998	함께달려모이다	2053	양털
2001	강해지다	2056	염소
2004	분부하다	2059	통역하다
2005	완전히이루다	2064	가다, 오다
2007	엎다	2065	요구하여묻다
2008	꾸짖다	2066	의상
2010	허락하다	2067	차림
2012	청지기	2068	식사하다
2014	계속나타나다	2073	저녁
2019	소리질러듣게하다	2074	헤스론
2020	동트다	2078	마지막
2021	시도하다	2079	마지막으로
2022	붓다	2080	안에
2025	엎어바르다	2081	안, 안으로는
2032	하늘위	2083	동료
2033	7, 칠	2087	또다른 한명, 또다른 자
2034	일곱번	2089	여전히, 동안, 이미, 까지, 더 (이상), 아직, ~중에
2036	간주하다		
2038	일하다	2090	준비하다
2039	성과	2092	준비하는
2040	일꾼	2094	해, 년, 세(살)
2041	행위	2095	잘했다, 잘
2044	내뱉다	2097	복음전하다
2045	상고하다	2098	복음
2046	권고하다	2104	귀족적인
2047	빈들	2105	좋은날씨
2048	광야(명), 한적한(형), 황폐한(형)	2106	기뻐하다
2049	황폐하다(수동 : 황폐해지다)	2107	기쁘신뜻
2050	황폐함	2110	은인

2111	적합한	2183	반열
2112	곧바로	2186	와서서다
2116	곧바르게하다	2187	에브라임
2117	곧바로(부사), 곧바르게(형용사), 곧바른 것(형대)	2188	열다(에바다)
		2190	원수
2119	기회있다	2191	독사
2120	기회	2192	갖고있다, 가지다, 입다, 해주다, 쓰다(머리 등에)
2121	기회의, 기회있는		
2122	기회적으로	2193	~까지, 때까지, 결국
2123	(더)쉬운	2194	스불론
2126	경건한	2195	삭개오
2127	축복하다(수동 : 축복받다)	2196	세라
2128	축복되다	2197	사가랴
2129	축복	2198	살다 (분사 : 살아계신), 살아있다, 살아니다
2132	합의하다		
2134	고자하다	2199	세베대
2135	고자	2200	열정있는
2147	발견하다(수동 : 발견되다)	2201	한쌍
2149	폭넓은	2205	열정
2158	존경받는	2206	경쟁하다
2159	유력하게	2208	셀롯
2164	풍작이다	2210	잃다
2165	행복하다(수동 : 행복해하다)	2212	찾다, ~하려고 하다
2166	유브라데	2213	문제
2168	감사하다	2214	변론
2169	감사	2215	가라지
2176	왼쪽(단수), 왼편(복수), 왼쪽것(형대단수)	2216	스룹바벨
		2218	멍에
2179	에베소	2219	누룩
2181	에베소	2220	부풀다

2221	사로잡다(수동 : 사로잡히다)	2265	헤롯인
2222	생명	2266	헤로디아
2223	띠	2268	이사야
2224	띠띠다	2270	함구하다
2225	살려계대시키다	2278	동일한소리나다
2226	생물	2279	동일한소리
2227	살리다	2280	다대오
2228	이나(or) 또는, 보다, 아니면, ~외에, 또한	2281	바다
		2283	다말
2230	총독이다	2284	놀랍게하다(수동 : 놀랍게되다)
2231	왕위	2285	놀라움
2232	총독	2286	독
2233	인정하다	2288	죽음
2234	흡족하게	2289	죽이다, 죽게하다
2235	이미	2290	장례하다
2237	향락	2292	담대하다
2238	박하	2293	담대하라(명령형)
2240	오다	2296	기이히여기다
2241	엘리(히브리어)	2297	기이한일
2243	엘리야	2298	기이한
2244	키(신체키)	2300	눈여겨보다
2246	태양	2303	유황
2247	못	2306	유황빛의
2250	(복수)날마다, 기간, 낮, 일, 하루(단수), 날	2307	뜻
		2309	원하다
2253	반쯤죽음	2310	기초
2255	(절)반	2311	기초하다
2256	반시간	2316	하나님
2260	~보다	2318	하나님을존중하는
2264	헤롯	2322	고침

2323	고치다(수동 : 고침받다)	2364	딸
2325	추수하다	2365	어린딸
2326	추수, 추수할것	2367	향나는
2327	추수꾼	2368	분향, 향
2328	뜨겁게하다	2370	분향하다
2329	뜨거움	2372	분(감정을 말함), 분노
2330	여름	2373	노하다
2334	지켜보다	2374	문(문짝이 있는 문)
2335	구경	2377	문지기
2336	칼집	2378	제물
2337	젖먹이다	2379	제단
2338	여성	2380	희생제사하다
2340	책잡다	2381	도마
2342	짐승	2382	흉배
2343	쌓아두다	2383	야이로
2344	보물	2384	야곱
2346	(수동 : 환난받다)	2385	야고보
2347	환난	2390	낫다, 낫게하다(수동 : 나음받다)
2348	죽다	2392	병고침
2350	(수동 : 웅성거리다)	2393	다아아몬드
2351	소동	2395	의사
2352	누르다(수동 : 눌리다)	2396	오호!
2353	집짐승	2397	형상
2354	슬피울다	2398	자기자신(의)
2355	슬픔	2400	(QS문장접두사)오!
2359	(머리)털	2402	땀
2360	(수동 : 무서워지다)	2403	이세벨
2361	방울	2405	제사장직
2362	보좌	2406	제사장때
2363	두아디라	2407	제사장직무하다

2408	예레미야	2465	천사와똑같은
2409	제사장	2466	잇사갈
2410	여리고	2469	가룟
2411	성전	2470	똑같은, 똑같게
2414	예루살렘	2474	이스라엘
2415	예루살렘인	2475	이스라엘인
2419	예루살렘	2476 (†2476a)	서다(수동 : 서게되다), 세우다, 서있다
2421	이새		
2423	여고냐	2478	더강하시며(비교급), 강한(자)
2424	예수(님)	2479	기운
2425	매우많은, 매우긴, 매우큰	2480	강하다
2429	습기	2481	아마
2433	긍휼히받(아주)다	2484	이두래
2436	긍휼이 임하시기를!	2485	생선
2438	끈	2486	물고기
2439	겉옷입다	2488	요담
2440	겉옷	2489	요안나
2441	겉속옷	2491	요한
2443	~위하여, (~하기) 위함이다, (~하는) 것이, ~(하)도록, 곧, ~것(을)	2495	요나
		2496	요람
2444	어째서, 무엇때문에	2498	여호사밧
2446	요단	2499	요세
2448	유다(지명)	2500	요셉
2449	유대(지명)	2501	요셉
2453	유대인	2502	요시야
2455	유다(이름)	2503	점
2461	마병	2504	나도
2462	말(동물)	2505	그대로
2463	무지개	2507	내려버리다
2464	이삭	2508	청결케하다

2511	깨끗하다, 깨끗하게하다	2555	악행하는 (자)
2512	정결	2556	나쁜 (것)
2513	깨끗한 (자)	2557	행악자
2515	의자	2560	나쁘게
2516	앉다	2563	갈대
2517	차례로	2564	부르다(수동 : 불리다, 부름받다)
2518	자다, 주무시다(높임말)	2570	좋은
2521	앉다	2572	덮다(수동 : 덮이다)
2523	앉다	2573	좋게
2524	달아내리다	2574	낙타
2525	맡기다	2575	용광로
2528	무장하다	2576	(눈을)감다
2530	(~어떠)하기에	2577	약해지다
2531	(그)대로, 것처럼, 그같이	2579	~한다해도, ~이라도
2532	~과(와), ~도, 그래서, 그리고, 그러자	2580	가나(지명)
		2581	가나안인
2533	가야바	2584	가버나움
2537	새(new), 새것	2586	연기
2539	그럼에도	2588	마음
2540	때(카이로스), 한때(단수)	2590	열매
2541	가이사	2591	지도자
2542	가이사랴	2592	열매맺다
2544	~하였으나	2595	티
2545	(불을) 켜다	2596	~으로, ~따라, ~대로, 거스르는, ~마다, ~따른, 씩, 대항하여
2546	거기,거기서		
2547	거기서도	2597	내려오(가)다, (비)내리다
2548	그것들이(도), 그들에게도, 그도	2598	쫓아버리다
2549	악	2600	내리막
2551	악담하다	2601	내려가다(수동 : 내려가지다)
2554	악행하다	2602	창조

2606	비웃다	2661	합당하게여기다
2608	꺾다	2662	밟다(수동 : 밟히다)
2609	대다	2665	휘장
2611	싸매다	2666	삼키다
2613	정죄하다(수동 : 정죄되다)	2668	도착하다
2614	뒤따르다	2670	(수동 : 빠지다)
2617	창피하다(수동 : 창피당하다)	2672	저주하다
2618	태우다	2673	파기하다
2621	기대어눕다	2675	온전케하다
2622	떼어내다	2680	예비하다
2623	감금하다	2681	깃들다
2625	뉘어앉다	2682	보금자리
2627	홍수	2690	둘러엎다
2628	좇아오다	2694	이송하다
2629	내려찍다	2695	대적살해하다
2630	밀어떨어뜨리다	2696	봉인하다
2632	정죄하다	2698	안치하다
2634	주장하다	2705	입맞추다
2638	잡아내다	2706	경히여기다
2641	떠나다, 남기다	2708	바르다(기름같은 것을)
2642	돌로찍다	2711	시원하게하다
2646	여관	2713	반대편
2647	무너뜨리다, 융합하다	2715	권세부리다
2648	생각해보다	2718	당도하다
2649	심문하다	2719	먹어버리다
2651	혼자	2720	평탄케하다
2652	저주	2722	차지하다
2653	심히저주하다	2723	고소하다
2656	손짓하다	2724	고소할증거
2657	생각하다	2725	고소자

2727	교육하다(수동 : 교육받다)	2776	머리
2729	이기다	2778	머리세
2730	살다	2779	동산
2731	거처	2780	동산지기
2732	처소	2781	벌집
2736	아래로	2782	전파
†2736	그아래로	2784	전파하다(의미 : 복음을)
2738	태움	2785	큰물고기
2739	태우다(수동 : 태워지다)	2786	게바
2742	뜨거움	2787	방주
2748	기드론	2788	하프
2749	놓이다	2789	하프연주하다
2750	베	2790	하프연주자
2751	깎다(금액을 낮추어서 줄이는 것)	2792	계피
2753	명하다	2793	위험하다(수동 : 위험해지다)
2756	거저	2795	움직이다
2759	쏘는 것	2796	움직임
2760	백부장	2798	가지
2762	획	2799	울다
2763	토기장이	2800	떼심
2764	토기의	2801	조각(음식에 쓰였음)
2765	동이	2805	울음
2766	기와	2806	떼다
2767	섞어붓다	2807	열쇠
2768	뿔	2808	닫다(수동 : 닫히다)
2769	쥐엄열매	2809	도둑질
2770	얻다	2810	글로바
2772	잔돈	2812	도둑
2773	잔돈바꾸는자	2813	도둑질하다
2775	머리에상처내다	2814	접붙인가지

2816	상속하다, 상속받다	2861	연못
2817	상속	2865	받아내다
2818	상속자	2866	더개선됨
2819	제비돌	2867	회칠하다(수동 : 회칠되다)
2822	초청한 (자), 초청된	2868	먼지
2823	아궁이	2869	멎다
2825	침대	2872	수고하다
2826	침상	2873	괴로움
2827	눕다	2874	거름
2828	떼	2875	가슴치다, (나무)내려치다
2829	도둑질	2876	까마귀
2830	밀려옴	2877	소녀
2832	글로바	2878	예물
2835	고드란트	2884	220리터(220L)
2836	태, 배 : 몸의일부분	2885	꾸미다(수동 : 꾸며지다)
2837	잠자다	2889	세상
2838	자는 것	2892	경계병
2839	대중적인	2894	바구니
2840	더럽히다	2895	요(이브자리를 말함)
2844	참여함, 참여자	2896	소리지르다
2845	잠자리	2897	방탕
2847	붉은(것) (옷) (색)	2898	해골
2848	한 알	2899	자락
2851	형벌	2901	강하다(수동 : 강해지다)
2852	매로때리다	2902	붙잡다
2853	묻다(먼지 등이)	2903	최고권자(호격최상급)
2854	안약	2904	힘
2855	돈바꾸는자	2905	소리치다
2856	감하다(수동 : 감해지다)	2906	소리지름
2859	품	2910	달다(수동 : 달려있다, 달리다)

2911	비탈	2955	굽히다
2915	보리	2956	구레네(인)
2916	보리의	2960	주님의
2917	판결	2961	주관하다
2918	백합화	2962	주인, 주님, 주
2919	심판하다(수동 : 심판받다)	2965	개
2920	심판	2967	금하다
2923	재판관	2968	마을
2925	두드리다	2969	성과 마을
2927	은밀한, 은밀한 것, 은밀한 곳	2971	하루살이
2928	감추다	2974	귀먹은 (자)
2929	수정처럼환하다	2975	제비뽑히다, 제비뽑다
2930	수정(보석종류)	2976	나사로
2932	가지다	2977	가만히
2933	재물	2978	폭풍
2934	가축, 소	2980	얘기하다, 얘기하게하다
2936	창조하다	2981	얘기
2937	피조물	2982	라마(아람어)
2938	창조물	2983	받다
2939	창조자	2985	등불
2942	선장	2986	환한
2943	둘린, 둘레(에)	2988	호화롭게
2944	둘러에워싸다	2989	비추다
2945 (†2945)	주위(에), 두루	2990	모르게하다
		2991	바위에판
2947	뒹굴다	2992	백성
2948	불구된 (자)	2993	라오디게아
2949	물결	2998	파다
2951	근채	2999	충성
2952	개	3000	충성하다

3001	채소	3039	깨뜨리다
3002	렙바이오스	3041	호수
3003	군대	3042	흉년
3004	~라 하는, ~말로, 말(씀)하다	3043	심지, 면옷
†3004	말(씀)하다, (말씀)하다	3045	맛있는
3006	순탄한	3046	327그램(g)
3007	모자라다	3049	여기다
3008	봉사하다	3056	말, 말씀
3009	봉사	3057	창
3012	흰수건	3058	욕설퍼붓다
3014	문둥병	3061	전염병
3015	문둥병자	3062 (†3062)	남은 (자)(것), 나머지
3016	렙톤	3063	이후로는
3017	레위	3068	목욕하다
3018	레위	3074	늑대
3019	레위인	3076	근심하다(수동 : 근심되다)
3021	희게하다	3077	근심
3022	흰, 희게, 하얀	3078	루사니아
3023	사자	3081	해결되다
3025	포도주틀	3083	대속물
3026	우화	3084	대속하다
3027	강도	3085	대속
3029	심히	3087	등잔대
3030	유향	3088	등잔
3031	향로	3089	풀다(수동 : 풀리다)
3034	돌던지다	3091	롯
3035	돌로된	3093	막달라
3036	돌로치다	3094	막달라
3037	돌	3097	박사
3038	돌포장		

3098	마곡	3155	헛되이
3100	제자되다	3156	마태
3101	제자	3157	맛단
3105	미치다(정신이상으로 인한 것을 의미)	3162	칼
3106	복있다하다	3164	싸우다
3107	복있다	3167	큰일
3112	멀리(서)	3168	위엄
3113	멀리서	3170	크게하다
3114	참다	3173	(더)큰
3117	길게, 먼	3175	관료
3119	약한것	3177	번역하다(수동 : 번역되다)
3120	부드러운	3178	취함
3123	더욱	3179	옮기다
3124	말고(사람이름)	3181	지경
3126	돈	3182	만취하다
3128	므낫세	3183	아기
3129	배우다	3184	취하다(술취하는 것을 말함) (수동 : 취해지다)
3131	만나	3185	더욱
3135	진주	3187	더큰 (자)
3136	마르다(사람이름)	3189	검게, 검은
3137	마리아	3191	전심전력하다
3139	옥석	3192	꿀
3140	증거하다	3193	꿀의
3141	증거	3195	다가오다, ~할(하려는) 것이다, ~될 것이다
3142	증거	3196	신체
3144	증인	3199 (†3199)	고려하다
3145	깨물다	3201	흠잡다
3146	채찍질하다		
3148	채찍통증		
3149	가슴		

3303	정말로		3355	통
3304	오히려		3358	분량
3305	하지만		3359	이마
3306	머물다		3360	까지
3307	나누다		3361	AD아니하여, QT않았다(부가의문문), 말다(명령문), 못하다
3308	염려			
3309	염려하다			
3310	영역		3366	~도 말(아)라
3312	나누는자		3367	아무에게도 ~않다, 아무(것)도 ~말(아)라, 어떤 것도 ~말(아)라
3313	참여함, 지방, 부분			
3317	밤중			
3319	한가운데		3371	더이상 ~않다(없다, 말다, 못하다)
3321	공중		3372	길이
3322	중간이되다		3373	길어지다
3323	메시야		3376	달, 개월, 월
3324	가득한		3377	알리다
3326	후, 함께, ~으로, ~가지고, 함께있는, ~되도록, 째		3379	않도록, 않기 위함이다, ~한 것이 아닌가
			3382	넓적다리
3327	옮겨가다		3383	말아라!(명령), 아니하고 (3383a3383b:a도 않고 b도 않고), ~할 조차
3330	나눠주다			
3332	이동하다			
3338	뉘우치다			
3339	변형하다(수동 : 변형되다)		3384	어머니
3340	회개하다		3385	아니지 않느냐
3341	회개		3388	모태
3342	사이(에(서))		3391	하나, 1
3349	되새기다		3392	부정하게하다
3350	이주		3395	섞은것
3353	동업자		3396	섞다
3354	측정하다		3397	조금

3398	작은 (자), 잠시		3448	송아지
3400	천걸음(1,000걸음)		3451	음악가
3404	미워하다(수동 : 미움받다)		3455	으르렁거리다
3407	품꾼		3457	맷돌의
3408	보상		3458	맷돌
3409	고용하다		3459	맷돌
3411	고용한 (자)		3461	수만(명), 만(10,000)
3413	미가엘		3462	향유붓다
3414	므나		3463	일만(10,000)의
3415	기억나다		3464	향유
3418	굴무덤		3466	비밀
3419	무덤		3471	맛잃다
3421	기억하다		3474	미련한 (놈,자)
3422	기억		3475 (†3475a)	모세
3423	약혼하다(수동 : 약혼되다)			
3424	간신히말하는 (자)		3476	나손
3425	겨우		3478	나사렛
3426	항아리		3479	나사렛의
3428	간음하는		3480	나사렛인
3429	간음하다		3482	나다나엘
3430	간음		3483	그렇다
3431	간음하다		3484	나인
3432	간음하는 자		3485	성전
3435	검게하다		3487	나드
3438	거할 곳		3492	선원
3439	독생한		3495	청년
3440	오직, ~(뿐)만		3497	나아만
3441	오직, (나)만		3498	죽은 (자)
3442	외눈의		3501	새로운
3444	형체		†3501	(더)젊은 (자)

3502	젊음		3556	새끼
3503	소년기		3558	(복수)남방, 남편 (단수)남쪽
3506	머리짓하다		3562	지각있게
3507	구름		3563	지각
3508	납달리		3565	신부
3510	동기		3566	신랑
3514	실짜다		3567	신랑집
3516	어린아이		3568	지금(은)
3520	섬		3571	밤
3521	금식		3572	찌르다
3522	금식하다		3573	졸다
3523	굶겨, 굶은		3575	노아
3528	이기다		3581	나그네(AP)
3530	니고데모		3582	물주전자
3531	니골라		3583	마르게하다 (수동 : (손 등이)마르다)
3534	승리		3584	(손 등이)마른 (것), 마른 자
3535	니느웨		3585	통나무로된
3536	니느웨인		3586	통나무
3537	대야		3588	관사(D), 여자, 아들, 일부, 있는, 곧
3538	씻다		3589	80, 팔십
3539	통찰하다		†3589	84, 팔십사
3542	꼴		3590	(서수) 제 8, 여덟째, 여덟번째
3543	생각하다		3592	그녀에게, 그것들을
3544	율법사		3593	여행하다
3546	동전		3594	인도하다
3547	율법사		3595	인도자
3551	(율)법		3597	여정
3553	질병(하나님의 자녀에게 오는)		3598	길
3554	질병			
3555	새끼			

3599	이(이빨)	3653	과일
3600	극히고통하다	3654	전혀
3601	극한고통	3655	소나기
3602	통곡	3656	이야기주고받다
3604	옷시야	3658	승객
3605	냄새나다	3660	맹세하다
3606	곳에서	3662	비슷하다
3608	이불보자기	3664	비슷한
3610	집하인	3666	비슷하게여기다 (수동 : 비슷하게여겨지다)
3614	집		
3615	식구	3667	비슷한모양
3617	집주인	3668	비슷하게
3618	짓다	3670	공언하다
3619	건물	3674	같이
3621	말씀보유하다	3676	그럼에도
3622	말씀보유직	3677	꿈
3623	말씀보유자	3678	어린나귀
3624	집	3679	욕하다
3625	천하	3681	부끄러움
3629	자비로운	3684	나귀의
3630	애주	3686	이름
3631	포도주	3687	이름하다
3633	인식하다	3688	나귀
3634	것으로써	3689	진짜
3636	지체하는	3690	신포도주
3638	8, 팔	3691	날카로운
3640	믿음적은 (자)	3693	뒤에(서), 뒤로
3641	적은 (자), 조금(만)	3694	뒤(에)(서), 뒤로, 뒤쫓아
3646	번제물	3696	무기
3650	온, 전부, 온전히, 전체의	3698	~할 적에

3699	그곳(에)(에서), 어디로, 곳(에)(으로)
3700	이상으로보다
3701	이상
3702	구운
3703	익은과일
3704	~하도록, ~려고, 그러므로, 그럼으로써
3705	환상
3706	환상
3708	살펴보다, 보다
†3708	보다
3709	진노
3710	화내다
3714	산골
3719	새벽에모이다
3720	새벽의
3721	새벽일찍
3722	새벽
3723	옳게
3724	정하다
3725	지역
3726	맹세로말하다
3727	맹세
3729	달려들다
3731	달려듦
3732	새
3733	암탉
3735	산
3736	파다

3737	고아(의)
3738	춤추다
3739	일부, 한명, ~한 자, ~인, 그분
3740	언제든지
3741	성결한
3742	성결
3744	냄새
3745	일들, 것들, 만큼, 자마다
3747	뼈
3748	누구든지, (관대), 곧, 자들(도)
3751	허리(둘레)
3752	~때에는, (~할)때, 땐
3753	~때
3754	~다고, (곧) ~한 것(을), ~기에, ~라고, ~라니, ~한 것이다
3756	아니다, 아닌, ~말(아)라, 없다, ~못하다
3757	곳
3758	아하!
3759	화있다, 화
3760	아닌, 아니다
3761	아니하다, 않다, ~도
3762	아무데도~않다(없다), 하나도 아닌, 아무(것)도(어떤것(자)도) ~없다(않다)(못하다)
3763	전혀~아니다, ~적이 없다
3764	(~한) 적이 없는
3765	더이상~않다
3766	그러면
3767	그런즉

3768	아직~아니다, 아직 ~ 못하다.	3811	징계하다
3769	꼬리	3812	아이적
3770	하늘의 (형)	3813	아이
3772	하늘	3814	어린여종
3774	우리야	3816	아이, 하인
3775	귀	3817	갈겨치다
3776	재산	3819	벌써
3777	이나(nor), 도	3820	낡은(것), 옛것
3778	이, 이것은, 이일, 이자는, 이말(씀), 이런(일), 이러한, 그녀, 이렇게	3822	낡다(수동 : 낡아지다)
3779	이같이	3824	재창조
3780	아닌	3825	다시, 또한
3781	빚진자	3826	일제히
3782	빚	3827	많고많은
3783	빚	3829	숙박업소
3784	빚지다	3830	숙박업소주인
3785	마땅하도다!	3833	전신갑주
3788	눈	3834	간계
3789	뱀	3836	사방에서
3790	낭떠러지	3837	곳곳에서
3791	괴롭히다(수동 : 괴롭힘당하다)	3838	조금도
3793	군중	3840	사면으로
3795	먹을생선	3841	전능자
3796	저물게	3842	항상
3798	저문	3843	분명히
3799	외모	3844	널리, ~에게, ~에게서, ~보다, 곁에, ~에게는, ~외의
3800	봉급		
3802	올무씌우다	3845	범하다
3803	올무	3846	비교하다
3808	어린이	3849	요청하다
		3850	비유

3853	명령하다		3911	가져가옮기다
3854	오다		3916	즉시
3855	지나가다		3917	표범
3856	들추어내다		3918	있다
3857	낙원		3924	~없이
3858	확실히영접하다		3925	진영
3860	넘겨주다(수동 : 넘겨지다)		3928	지나가다
3861	영광스러운 일		3930	하다, 가하다
3862	전통		3932	출가
3864	해변		3933	처녀
3868	사양하다		3936	곁에서다, 곁에서게하다
3869	가까이앉다		3939	우거하다
3870	권면하다		3942	은유
3871	은폐하다		3945	유사하다
3874	권면		3946	유사한
3875	보혜사		3952	와서함께하심
3877	가까이따르다		3953	사발
3878	흘려듣다		3954	밝히드러냄
3879	구부리다		3955	밝히드러내다
3880	데리고(데려오다), 데려가다		3956	모든 (자), 모두, 전부
3882	해안		3957	유월절
3885	중풍병자		3958	고난받다
3886	중풍병들다		3960	치다
3888	위로하다		3961	짓밟다
3899	지나가다		3962	아버지
3900	과실		3963	밧모
3904	예비일		3965	족속
3906	살펴지키다		3968	고향
3907	관찰		3973	그치다
3908	내주다		3975	완악하다

3976	쇠고랑
3977	평평한
3979	도보로
3982	확신시키다, 확신하다
3983	배고프다
3985	시험하다(수동 : 시험받다)
3986	시험
3989	깊음
3990	목자르다
3991	다섯째
3992	(사람)보내다 : 데리러
3994	장모, 시어머니
3995	장인
3996	애통하다
3997	애통
3998	극빈한
4000	(5,000)오천 (명)
4001	500, 오백
4002	5, 다섯
4003	(서수) 15째, 열다섯번째
4004	50, 오십
†4004	53, 오십삼
4008	건너(로)
4009	끝
4010	버가모
4012	~에 대하여, ~에, 주변에(을), 즈음에
4013	두루다니다
4016	입다, 입히다
4017	둘러보다

4019	싸다
4023	지배하다
4024	띠두르다(수동 : 띠둘려지다)
4026	둘러서다
4028	가리다(신체를)
4029	매달다
4032	감추고있다
4033	에워싸다
4036	심히근심하다
4039	근처에사는
4040	이웃
4043	걷다, 걸어다니다
4045	굴복하다
4049	산만하다
4051	가득한것
4052	남다
4053	더많이, 더많은 것
4054	(더)넘치게
4055	(더)나은 자
4056	더욱더
4057	엄청나게
4058	비둘기
4059	할례하다
4060	두르다
4061	할례
4063	돌아다니다
4064	메고오다
4066	주변지방
4071	새(의)
4072	날아가다

4073	바위	4118	가장많은
4074	베드로	4119	더많은, 더많이, (더)중한
4075	돌밭	4120	엮다
4076	운향	4124	탐욕
4077	샘	4125	옆구리
4081	진흙	4126	행선하다
4082	가방	4127	매, 재앙
4083	규빗(자), 45cm	4128	무리
4084	잡아들이다	4129	(수동 : 많아지다)
4085	누르다(수동 : 눌리다)	4130	가득차다(수동 : 가득채워지다)
4087	쓰게하다(맛 등을)	4132	가득참
4090	심히	4133	그렇지만, 그러나, ~밖에, ~만
4091	빌라도	4134	가득찬
4093	서판	4135	확실히이루다
4094	쟁반	4137	성취하다
4095	마시다	4138	기운것, 성취한것, 성취
4097	팔다	4139	이웃, 이웃하는
4098	엎드리다, 무너지다, 떨어지다	4141	강타하다
4100	믿다	4142	작은배
4101	순수한	4143	배
4102	믿음	4145	부유한 (자)
4103	믿음있는, 믿을만한	4147	부유하다, 부유하게하다
4105	미혹하다(수동 : 미혹되다)	4149	부유함
4106	미혹	4150	빨다(옷 등을)
4107	미혹하는	4151	영
4108	미혹하는 자(형대)	4153	영적으로
4113	큰거리	4154	불다
4114	넓이, 너비	4155	목잡다
4115	넓게하다	4158	발에끌리는 (것)
4116	넓은	4159	어떻게, 어디서났느냐, 어디에(서)

4160	행하다, 만들다, (열매 등을)맺다, (결혼식 등을)베풀다, 하다, 피우다
4164	여러가지
4165	목양하다
4166	목자
4167	양떼
4168	양무리(영적인 양)
4169	무슨, 무엇, 몇, 어느
4170	전쟁하다
4171	전쟁
4172	성
4177	시민
4178	자주
4179	여러 배
4180	많은말
4183	많은 (자)들, 많은 것들, 많이
4185	매우비싼
4186	값비싼
4189	악함
4190	악한, 악한 자
4192	아픔
4194	본디오
4197	여행
4198	가다, 진행하다
4202	음행
4203	음행하다
4204	창녀
4205	음행하는 자
4206	멀리
4207	멀리서

4208	더멀리
4209	자주색옷
4210	자주색
4212	몇번
4213	음료
4214	얼마나, 얼마나 크겠느냐, 몇 (개)
4215	홍수(복수), 강들(복수), 강(단수)
4216	떠내려가는
4217	(의문대)어떠한자, 어떠한지
4218	언제(라도), 언제든지
4219	언제
4220	~인지
4221	잔
4222	마시게하다
4226	어디, 어디서, 어디~곳
4228	발, 양발
4229	사항
4231	장사하다(상업적)
4232	관정
4233	담당자
4234	행위
4235	온유한
4237	그룹
4238	하다
4239	온유한 (자)
4241	합당하다
4242	사신
4244	장로
4245	장로, (더)어른된
4246	노인

4250	전에
4253	전에
4254	앞서가다
4259	앞뜰
4260	더가다
4261	싹트다
4262	양문
4263	양
4264	사주받다
4273	배반자
4281	먼저가(오)다
4286	하나님앞(의)
4289	소원하는
4298	깊게나아가다
4301	미리준비하다
4304	미리연구하다
4305	미리염려하다
4308	미리말하다
4313	앞서가다
4314	에게, ~도록 ~에, ~으로, ~하려고, ~에 대해, 향하여, 앞에(는), ~와
4315	안식일전날
4317	인도하여오다, 인도하여가다
4319	구제구하다
4320	올라가있다
4321	허비하다
4325	비용들다
4327	기다리다
4328	기대하다

4329	기대
4331	곁에가까오다
4333	일하여만들다
4334	나아오다
4335	기도
4336	기도하다
4337	조심하다
4339	개종자
4340	잠깐만
4341	부르다
4342	대기하다
4344	베개
4347	합하다
4350	부딪치다(수동 : 부딪히다)
4351	굴리다
4352	예배하다
4353	예배자
4355	다가가다
4357	앞에머무르다
4358	진입하다
4363	앞에엎드리다
4364	앞장서다
4365	앞에오다
†4366	맞닥뜨리다
4367	명하다
4369	더하다(수동 : 더하여지다)
4370	달려오다
4371	고기
4374	바치다(헌금, 사람)
4377	부르다

4379	건들다		4430	시체
4383	얼굴, 앞, 표면		4431	무너짐
4386	이전에		4432	가난
4390	향해달려가다		4434	가난한 (자)
4391	전에있다		4435	매번
4392	외식		4437	수시로
4393	가져다놓다		4439	출입문(문짝이 없는 열린문)
4394	예언		4440	대문
4395	예언하다		4441	질문하다
4396	선지자		4442	불
4398	여선지자		4444	망대
4399	앞지르다		4445	열병앓다
4403	선미갑판		4446	열병
4404	새벽에		4447	불빛의
4405	새벽		4448	불타올라지다
4407	새벽(의)		4449	불타오르다
4410	높은자리		4450	불타오르는색의
4411	상석		4451	불타올라짐
4412	첫번째로		4453	팔다
4413	첫번째(로), 첫째 날, 첫째, 먼저		4454	(나귀)새끼
4416	첫번째자녀인, 첫번째아들이신(예수님)		4455	언제고
			4456	완악하다(수동 : 완악해지다), 완악하게하다
4418	발꿈치		4457	완악함
4419	꼭대기		4459	어떻게, 얼마나
4420	날개		4461	랍비
4422	깜짝놀라다		4462	대랍비
4425	키		4464	지팡이
4427	침		4469	라가
4428	두루말아덮다		4470	천(옷만드는 재료를 말함)
4429	침뱉다(수동 : 침뱉음당하다)			

4471	라마	4528	스알디엘
4474	손으로치다	4530	살렘
4475	손으로침	4531	흔들다(수동 : 흔들리다)
4476	바늘	4533	살몬
4477	라합	4535	파도
4478	라헬	4536	나팔
4482	흘러내다	4537	나팔불다
4483	선포하다	4538	나팔부는자
4485	파괴	4539	살로메
4486	터뜨리다	4540	사마리아
4487	선포된말(씀), 증언(의역)	4541	사마리아인(남자)
4491	뿌리	4542	사마리아인(여자)
4496	던져놓다	4547	샌들
4497	르호보암	4550	못된
4501	말씀칼(영의 칼을 의미)	4552	사파이어
4502	르우벤	4554	사데
4503	룻	4555	루비
4504	루포	4556	루비
4505	거리	4557	사더닉스
4506	건지다(수동 : 건져지다)	4558	사렙다
4510	불결하다, 불결하게하다	4561	육체
4511	유출	4563	소제하다(수동 : 소제되다)
4513	로마	4567	사탄
4514	로마인	4568	스아
4515	로마어	4570	끄다(수동 : 꺼지다)
4518	사박다니(아람어)	4572	(재귀대명사)너자신, 그자신
4521	(복수)안식의 날, (단수)안식일	4576	존중하다
4523	사두개인	4578	지진
4524	사독	4579	진동하다
4526	베옷	4582	달

4583	간질하다	4632	그릇
4585	밀가루	4633	성막
4591	표적화시키다	4634	성막절
4592	표적	4636	장막
4594	오늘	4637	장막쳐거하다
4596	비단	4639	그늘
4597	좀(곤충)	4640	뛰놀다
4600	뺨	4641	꺾이지않는 마음
4601	조용하다	4642	꺾이지않는
4602	잠잠함	4646	굽은 것(형대)
4603	철로된	4648	성찰하다
4604	철	4650	흩어버리다
4605	시돈	4651	전갈
4608	독주	4652	어두운
4611	실로암	4653	어둠
4613	시몬	4654	어둡게하다(수동 : 어두워지다)
4615	겨자	4655	어두움
4616	세마포	4656	어두워지게하다
4617	까부르다	4659	어두운안색의
4618	살진	4660	고생시키다(수동 : 고생되다)
4619	살진 것	4661	고생
4620	한끼분량	4663	구더기
4621	밀	4664	에머럴드
4622	시온	4665	에머럴드
4623	잠잠하다(수동 : 잠잠해지다)	4666	몰약
4624	실족게하다, 실족하다(수동 : 실족되다)	4667	서머나
		4668	서머나
4625	실족	4669	몰약섞다
4626	파내다	4670	소돔
4628	다리(신체 일부)	4672	솔로몬

4673	관		4719	이삭
4674	당신의(것), 너의(것), 너희(것)		4721	지붕
4676	수건		4723	불임인
4677	수산나		4727	탄식하다
4678	지혜		4728	좁은
4680	지혜로운 (자)		4735	왕관
4682	경련일으키다		4738	가슴
4683	강보로싸다		4739	굳게서다
4685	빼내다		4741	굳게하다(수동 : 굳어지다)
4686	중대(군대관련)		4743	순식간
4687	씨뿌리다		4744	광채나다
4688	경호원		4745	행각
4690	씨, 자손		4746	잔가지
4692	애쓰다		4749	깨끗한옷
4693	굴		4750	입
4697	불쌍히여기다		4753	군사
4698	심정		4754	군생활하다
4699	해면스펀지		4755	상관
4700	재		4756	군단
4702	밀밭		4757	군인
4703	파종씨		4760	군병
4709	간절히		4762	돌아서다(수동 : 돌아서지다)
4710	부지런함		4763	사치하다
4711	광주리		4764	사치
4712	스타디온(184m)		4765	참새
4714	민란		4766	펼치다
4715	한세겔		4768	흐리다
4716	십자가		4769	기둥
4717	십자가에못박다		4771	너, (복수)너희, 여러분
4718	포도		4772	친척(가족외)

4773	친족(가족포함)		4827	동료제자
4775	함께앉다		4828	함께증거하다
4776	함께앉다		4836	함께오다
4779	불러모으다		4844	함께마시다
4780	위장하다		4845	함께당면하다(수동 : 함께당면되다)
4784	같이하다		4846	막다
4788	포획하다		4848	동행하다
4790	동참하다		4849	모임
4791	함께참여한 자		4851	유익하다
4794	꼬부라지다		4855	함께자라다
4795	우연		4856	합심하다
4796	함께기뻐하다		4858	풍류
4798	상종하다		4862	(~와) 함께
4801	짝지어주다		4863	모으다(수동과거 : 모였다)
4802	문의하다		4864	회당
4807	뽕나무		4867	참석하다
4808	무화과나무		4868	결산하다
4809	돌무화과나무		4870	함께따르다
4810	무화과		4872	함께올라오다
4811	가로채다		4873	함께앉다
4814	대화하다		4876	만나다
4815	수태하다, 잡다		4877	만남
4816	골라내다		4878	협력해돕다
4817	동의하다		4880	함께죽다
4818	함께근심하다		4884	포로삼다
4819	발생하다		4885	함께자라다
4820	한데모으다		4889	동료종
4823	결의하다		4892	공회
4824	결의		4893	양심
4826	시므온		4895	함께있다

4896	모여들다	4952	전신경련일으키다
4897	함께들어가다	4953	신호
4903	함께역사하다	4955	폭동
4905	함께하다	4957	함께십자가에못박히다
4906	함께식사하다	4965	수가(지역이름)
4907	현명함	4967	도살
4908	현명한(자)	4969	도살하다(수동 : 도살당하다)
4909	옳게여기다	4970	매우
4912	사로잡다(수동 : 사로잡히다)	4972	인치다
4914	관습	4973	인(印)
4917	깨다(수동 : 깨지다)	4977	갈라지게하다(수동 : 갈라지다)
4918	함께환난주다	4978	갈라짐
4920	깨닫다	4979	노끈
4921	함께서다	4980	틈있다
4923	동행	4982	구원하다
4928	곤고	4983	몸
4929	명하다	4984	육체적인
4930	종말	4990	구원자
4931	다끝마치다	4991	구원
4933	보존하다(수동 : 보존되다)	4992	구원하심(형대)
4934	공모하다	4993	정신차리다
4936	함께달려가다	5005	비참한 (자)
4937	상하게하다, 부러뜨리다(수동 : 부러지다), 부수다(수동 : 부서지다)	5006	한달란트같은
		5007	달란트
		5009	골방
4940	함께누리다	5010	직무
4947	수리아	5011	겸손한 (자)
4948	수리아인	5013	낮추다(수동 : 낮아지다)
4949	수로보니게	5014	낮음
4951	당기다	5015	요동하다(수동 : 요동되다)

5016	요동
5021	정해주다(수동 : 정해지다)
5022	황소
5027	묘지
5028	묘
5030	빨리
5032	(더)급한
5034	신속
5035	속히
5036	속히
5037	그런데, 곧
5038	성벽
5040	상속자녀
5043	자녀
5045	목수
5046	온전한
5048	온전케하다
5050	온전한이룸
5052	끝까지열매맺다
5053	사망하다(수동 : 사망하게되다)
5054	사망
5055	끝마치다, 세금내다, 끝까지지키다
5056	끝, 세금
5057	세금징수원
5058	세관
5059	이적
5062	40, 사십
5064	4, 사
5066	4일째

5067	(서수) 4, 넷째, 네번째, 사분의일
5068	사각의
5070	사전(병)
5072	4개월
5073	4배
5075	4분봉왕이다
5076	4분봉왕
5078	기술
5079	직공
5081	선명하게
5082	그토록
5083	지키다
5085	디베랴
5086	디베료
5087	두다, 대다
5088	출산하다
5089	자르다
5090	디매오
5091	공경하다
5093	보배로운
5094	보배
5092	값, 존경
5100	무엇, 어떤, 어떤자, ~(할)것, 일부, ~자, 씩, 누구도
5101	누가, 누구, 무슨, 누구의것, 무엇, 어떻게, 얼마나, 왜
5102	패
5106	자! 이제
5108	이런(자)(일), 그만한, 이만큼

5110	이자	5156	떨림
5111	담대하다	5158	모양
5115	활(ㄹ)	5160	음식
5116	토파즈	5165	그릇
5117	장소	5166	따다
5118	이만한, 이정도, (그)만큼	5167	산비둘기
5119	그때	5168	틈새
5120	이것	5169	틈새
5122	이름이 ~인자	5172	사치스러움
5132	상(밥상을 말함), 은행	5176	먹어연합하다
5133	은행업자	5177	당하다
5134	상처	5179	자국
5135	상처나게하다	5180	치다
5137	목	5182	심란하다(수동 : 심란해지다)
5138	험난한 것	5184	두로
5139	드라고닛	5185	눈먼 (자)
5140	3, 삼	5186	멀게하다
5141	떨다	5188	(수동 : 꺼져가다)
5142	기르다	5191	자주빛의
5143	달려가다, 달려오다, 달리다	5192	저신스
5144	30, 삼십	5193	유리의
†5144	38, 삼십팔	5194	유리
5145	300, 삼백	5195	능욕하다(수동 : 능욕받다)
5146	엉겅퀴	5198	건강하다
5147	험한길	5199	온전한
5149	악물다(이를 꽉 물때)	5200	파릇파릇한
5151	세번	5201	물항아리
5154	(서수) 삼(3), 셋째, 세번째, 삼분의일	5203	수종있는
		5204	물
5155	머리털의	5205	단비

5207	아들
5212	너희의
5214	찬송하다
5217	가다
5219	순종하다
5221	만나다
5222	맞이함
5224	소유하다
5225	보유하다
5228	위하여, 위에, ~보다
5240	넘치다(수동 : 넘쳐지다)
5243	교만
5244	교만한 자
5249	너무나
5257	사역자
5258	잠
5259	~에게서, 아래(에)(서), ~로
5262	본(本)
5263	가르치다
5264	모셔영접하다
5265	(수동 : 신겨지다)
5266	신발
5268	안장지운 짐승
5270	아래(쪽에)
5271	판정하다
5272	위선
5273	위선자
5274	받아들이다
5276	포도즙틀자리
5278	견디다

5279	위로부터생각나게하다 (수동 : 위로부터생각들다)
5281	인내
5286	발판
5290	돌아가다, 돌아오다
5291	아래펼치다
5293	복종적이다
5295	이후에
5298	체류하다
5299	휘어잡다
5301	우슬초
5302	부족하다
5303	부족함
5304	극빈함
5305	그후에
5307	짠 (것) : 실로 천 따위를 만드는 것
5308	높은
5310	가장높은 (곳)(분)
5311	높음, 높은데, 높이
5312	높이다(수동 : 높아지다)
5314	탐식
5315	먹다, 잡수시다(높임말)
†5315a	먹어버리다
5316	나타나다, 나타내다
5318	공개적인, 공개한 (것)
5319	공개하다(수동 : 공개되다)
5320	공개적으로
5322	횃불
5323	바누엘
5326	유령

5327	골짜기	5400	두려운 일
5329	베레스	5401	두려움
5330	바리새인	5404	종려나무
5331	신접함	5406	살인자
5332	신접자	5407	살인하다
5333	신접자	5408	살인
5335	피력하다	5409	입다, 쓰다
5336	축사(가축을 기르는 건물)	5411	식민세
5337	악한 (것)	5412	짐지다
5338	비침	5413	짐
5342	가져오(가)다, (누구를)데려오다, 가지고	5416	채찍
		5417	채찍질하다
5343	도망하다	5418	산울타리
5345	소문	5419	설명하다
5346	들려주다	5421	우물, 우물구덩이
5348	임하다	5426	생각하다
5351	부패시키다	5427	생각
5355	시기(감정)	5428	총명
5357	대접	5429	총명한
5359	빌라델피아	5430	총명하게
5366	돈좋아하는(돈좋아함)	5432	가져오다
5368	좋아하다	5437	도망
5370	입맞춤	5438	감옥, 경(시간개념)
5376	빌립	5440	말씀실천띠
5379	다툼	5442	지켜내다
5384	친구	5443	지파
5392	잠잠케하다(수동 : 잠잠케되다)	5444	잎사귀
5395	불꽃	5451	심음
5399	두렵다, 두렵게하다 (수동 : 두려워하다)	5452	심다
		5453	나다(심은 것이)

5454	굴
5455	소리내어부르다
5456	소리, 음성(사람, 귀신)
5457	빛
5458	빛남
5460	밝은
5461	밝게하다
5463	기뻐하다
5464	우박
5465	잡아내리다
5467	사나운
5469	굴레
5470	동으로된
5472	캘서더니
5473	동그릇
5474	빛나는구리
5475	동
5476	땅가까이
5478	가나안(형)
5479	기쁨
5480	표
5482	토성
5483	용서하다
5484	~하므로
5485	은혜
5487	은혜주다(수동 : 은혜받다)
5490	협곡
5491	입술
5493	시내(구역을 의미)
5494	겨울

5495	손, (복수)양손
5499	손으로만든
5501	더심하게
5503	과부, 과부된
5504	어제
5505	천(1,000)
5506	천부장
5507	천(1,000)의
5509	속옷
5510	눈(snow)
5511	통옷
5513	미지근한
5515	푸른 (것) (색깔을 말함)
5516	666
5518	1.2L
5519	돼지
5520	노여워하다
5521	쓸개
5522	흙
5523	고라신
5525	춤
5526	배부르다(수동 : 배불리다)
5528	풀
5529	구사
5531	필요공급하다
5532	필요
5533	채무자
5535	필요하다
5536	금전
5537	지시하다(수동 : 지시받다)

5543	인자한		5592	차가움
5547	그리스도		5593	차가운 (것)
5548	기름붓다		5594	차가워지다
5549	지체하다		5596	작은조각
5550	때(크로노스), 동안		5597	비비다
5552	금으로된, 금의		5599	오오!
5553	금		5601	오벳
5555	크리솔라이트		5602	여기
5556	크리서프레이즈		5604	산통
5557	금		5606	어깨
5558	치장하다 (수동 : 치장되다)		5609	계란
5560	저는자		5610	시간, 시(한)
5561	지방		5611	아름답게
5562	수용하다, 수용되다		5613	~한 대로, ~한 것같이, 같이도, ~하자, (~하는) 중에, 약, 같은 ~한 것(으로), 것, ~(자)로서의, ~하였지만, ~(되)자, ~(하)면서,
5563	가르다			
5564	토지			
5565	외에, 없이(는), 따로			
5568	찬양, 시편(의역)		5614	호산나
5571	거짓된 (자)		5615	그와같이
5575	거짓증인		5616	~처럼, 정도
5576	거짓증언하다		5618	~처럼
5577	거짓증거		5620	~할 정도로, ~려고, 그럼으로써, 그러므로, ~하였으므로
5578	거짓선지자			
5579	거짓		5621	귓바퀴
5580	거짓그리스도		5623	유익하다(수동 : 유익얻다)
5583	거짓말쟁이		†5574	거짓되다
5584	만져보다		5586	판결돌
5585	계산하다		5598	오메가
5589	부스러기		5603	노래
5590	영혼		5605	산통하다

스트롱코드	뜻
1067 3588 4442	불의 지옥불
1096 5613	~되자
1161 2532	또
1223 2250	며칠만에
1223 3650 3588 3571	온밤내내
1223 3778	이러므로
1223 3956	계속
1437 3361	(만약)~ 않는다면, ~않고서
1437 5100	누구라도
1487 1161 3361(†3361)	그렇지 않으면, 그렇지 못하면
1487 1161 3761	그렇지 않으면
1487 3361	~할 뿐이다, ~외에는
1510 1537	~로 되다, ~로 되어있다
1519 1438	스스로, 자신에게
1519 1515	평안히
1519 2222 166	영원한 생명에 이르는
1519 3588 165	영원히
1519 3588 165 3588 165	영원 영원히
1519 3588 3838	조금도
1519 3588 4008	건너편으로
1519 3588 899	깊은데로
1519 5056	끝까지
1519 5101	무엇하러
1519 5117 2048(형)	한적한 장소로
1520 2596 1438	각자는
1520 2596 1520	한 명 한 명마다, 한 명 한 명씩
1537 1683	(1인칭 단수) 나자신
1537 2425	오래

					하늘 아래 이편에서 하늘 아래 저편까지
1537	3588	5259	3772	1519	
3588	5259	3772			
1537	3772				하늘로부터(의)
1537	3778				이것으로
1537	5311				높은데서부터
1722	(3588)	2250(복수)			기간에
1722	(3588)	3772			하늘에 있는
1722	1438				속으로, 서로, 자신들끼리
1722	1515				평안히
1722	1565	3588	2250(단수)		그 날에
1722	1565	3588	2250(복수)		그 기간에
1722	1565	3588	5610		그 시간에
1722	240				(3인칭) 남(들)과, (2인칭) 서로에게
1722	2540(단수)				~때에
1722	3319				한가운데에, 한가운데서
1722	3391	3588	2250(복수)		어느 날에, 하루안에
1722	3588	1836	(2250)		그다음 날에
1722	3588	2250(단수)	3588		안식의 날에
4521(단수,복수)					
1722	3588	2517			차례로
1722	3588	2540	3778		이 때에
1722	3588	2927			은밀히
1722	3588	3342			그 사이에
1722	3588	3686	1473		내 이름 안에서
1722	3588	3824			재창조시
1722	3588	3989			깊은데
1722	3588	5010			직무대로
1722	3588	5318			공개적으로
1722	3650	3588	1271		온 뜻으로

1722 3650 3588 2588	온 마음으로
1722 3650 3588 5590	온 영혼으로
1722 3778	이래서
1722 3956 2540	모든 때에
1722 5034	신속히
1722 5101	무엇으로
1722 846	거기서, 그것으로
1722 846 3588 2540	그 때에
1752 3778	이렇기에
1909 1438	스스로
1909 225	진리로
1909 3588 4114	넓게
1909 3588 839	다음날에
1909 3588 846	그 위에서
1909 3745	동안에
1909 3778	이 무렵
1909 3956 3778	이 모든것들 위에
1909 5550	그때에
1909 846	그리로
2193 302	~때까지
2193 3755	동안에, ~때까지
2193 4219	언제까지
2222 166	영원한 생명
2250(단수) 3778	오늘날
2531 2532	~(것)과 같이
2532 1487	~할지라도
2596 1438	스스로
2596 2250	날마다
2596 2398	따로

2596　2540(단수)	때를 따라
2596　3650　3588　4172	온 성마다
2596　3778	이런식으로
2596　4795	우연히
2596　5101	무엇으로
2596　5117	장소(들)에 따라
302　3360　3588　4594	오늘까지도
3326　(1161)　3778	이후(에)
3326　1024	쪼금 후에
3326　1161　3778	이후에
3326　1417　2250	이틀 후
3326　1438	자신들과 함께
3326　240	(3인칭 복수) 남남끼리, (2인칭 복수) 너희끼리
3326　3397	조금 후
3326　3727	맹세로
3326　4710	부지런함으로
3326　5479	기쁨으로
3360　3588　4594	오늘까지
3361　A　3383　B	B할 조차 A 없다
3361~　3366~	~도 ~도 못하다
3398　5550	잠시 동안
3560　3588　2250	종일
3588　1722　3588　2927	은밀히 계신
3588　1722　3588　3772(복수)	하늘들에 계신
3588　2250　3588　5154	제3일에
3588　3584	마른곳
3588　4012	주변 사람들
3588　740　3588　4286	하나님앞의 빵
3588　846(형대)	그처럼

3588 932 3588 3772(복수)	하늘들의 왕국
3699 1437	어디든지, 어디로~든지
3699 302	곳마다
3739 1437	(사람)만약 ~자, 무엇을 ~하든지, 무엇이든지
3739 302	~자마다, ~것마다
3739 3756	까닭이다
3739 5484	이러하므로
3745 302	무엇을~하든지, ~자마다, ~것마다
3748 302	누구든지 ~자마다
3756 1510	없다
3756 2531	~것과는 달리, ~것같지 않은
3756 3361	결코 아니다
3756 714	족하지 않다
3756~ 3761~	~하지도 못하고~하지도 못하다(neither~neither)
3768~ 3761~	~하지도 못하고~하지도 못하다
3777 A 3777 B C(동사)	A도 B도 C를 하지 못하다
3778 3588 2094	이 해
3844 1438	자신들끼리
3844 240	(2인칭 복수) 서로에게
3844 3588 2281	바닷가
3844 3588 3041	호숫가
3844 3588 3598	길가
3844 3588 4228	발곁
3924 3056	말씀 없이
3956 3588 2250	항상
4012 3588 1766	제 구시(15시) 즈음에
4012 846	그 주변을(에)
4183 5550(복수)	많은 때
4253 4383	앞서

4314 1438(단수)	혼자서
4314 1438(복수)	서로, 자신들만
4314 240	서로
4314 3588 2307	뜻대로
4314 3761 1520 4487	한 선포된 말씀에도
4314 846	(3인칭 복수) 그들끼리
473 3739	대신에, ~한 자이기에
5550(복수) 2425	매우긴 기간
5613 3004	사람들이 말하는 것같이
5613 3752	때같이
5613 4396	선지자로서
5613 4572	자신같이
575 1438	스스로
575 1565 3588 2250	그 날부터
575 165	영원부터
575 1683	(1인칭 단수) 나스스로
575 3113	멀리서
575 3391	하나로
575 3588 1417	둘 중에
575 3588 5610 1565	그 시간부터
575 509 2193 2736	위부터 아래까지
575 5119	그때부터
575 737	지금부터
575 746	처음부터
846 3441	혼자
846 3588 2424	예수님 그분
891 2540	때까지(다음 때까지)
891 3739 2250	날까지
976 5568	시편(찬양의책)

마침말

[박경호헬라어번역성경 마태복음]이 출판된 이 후,
누가복음, 마가복음, 요한복음, 요한계시록,
New마태, New누가, New마가, New요한, New요한계시록까지
총 10권의 성경 단행본이 출판되었습니다.

뿐만 아니라,
곧이어, [박경호헬라어번역성경 로마서] 및
[박경호히브리어번역성경 창세기]가 연속하여 출판될 예정입니다.

대한민국 사상 이렇게
성경을 단행본으로 출판한 사례가 없는데,
그 이유는 단행본책으로 판매가 거의 불가능하기 때문이며,
설사 번역된 원고가 있다해도
그 누구도 저와같이 출판하지 못하는데,
판매부진을 스스로 예측하기 때문입니다.

박경호헬라어번역성경 및 박경호히브리어번역성경을,
앞으로도 계속 단행본으로 출판할 계획이며,
미국시장 아니 영어권시장을 겨냥하여,
금년 내에,
[박경호히브리어&헬라어번역성경(7) 영문판]을
계획중에 있습니다.

이렇게 박경호성경이 많은 목사님들에게 인정받는 것은 물론,
심지어 일반서점에서 꾸준히 판매가 상승하는 이유는!

1. 성경원어를 그대로 한글로 옮기려는
   저의 의도가 이루어졌기 때문입니다.

   헬라어나 히브리어를 공부해보신 분이라면,
   당연히 1:1한글대응은 인간으로는 거의 불가능한,
   심도깊고 어려운 작업의 수반이라는 사실에
   놀라움을 금치 못할 것인데,
   박경호성경이 이를 이루어 낸 것입니다.

2. 성경의 정확한 해석만이
   천국가는 신앙을 만들 수 있기 때문입니다.

   기존의 개역개정이나 심지어 KJV의 수많은 번역의 오류는,
   정확한 해석의 실패를 초래하여
   남을 가르치면서도 자기 자신은 설득시킬 수 없어,
   결국 영적인 궁금증 및 목마름만을 얻게 되는
   신앙적 함정에 빠지게 되지만,
   박경호성경은 이것을 해결해주는 것입니다.

3. 박경호성경은 장과 절을 새로 나누고
   각 장마다 제목을 붙였습니다.

   제가 붙인 제목들은 절대 진리가 아니기에
   성경적 권위를 가질 순 없지만,
   성경을 전혀 이해하지 못하는 특히 불신자에게는,
   자기 마음대로 해석하여
   자기 믿음으로 전락되는 부작용을 막아주며,
   또한 성경의 흐름을 어느 정도 이해하는데
   도움을 주기 때문입니다.

   제가 성경을 계속 번역하며 출판하는
   궁극적인 이유는!
   신자든 불신자든 성경을 쉽고 정확하게 깨달아,
   하나님을 믿고 순종하여
   천국에 들어가는 것, 오직 한 가지 이유이며,
   사실은 예수님 자신이
   이 일이 이루어지도록 함께 역사하시는 것입니다.

[KJV 및 개역개정의 수많은 오번역을]
[헬라어 원어로 완벽하게 정정한 전무후무한 성경]을
만드는데 성공하게 되었는데,
이런 모든 것이 예수님의 은혜임이 분명합니다!

!!! 할렐루야 !!!

2022년 2월 16일

[베다니 히브리어&헬라어 번역원 원장] 박경호

박경호헬라어번역성경

성경 중의 성경은 4복음성경입니다

기존에 번역된 신약성경과는 달리,

Ⅰ. 스테판(1550년) 사본을 번역하였으며,
　원어를 100% 옮긴 오번역 제로 성경입니다.

Ⅱ. 모든 한글 및 영어 번역본은 헬라어 한 단어를,
　여러 단어로 번역하지만, 원어를 한글 한 단어로
　고정시키는 20년의 끈질긴 노력으로,
　완전 직역에 성공한 전무 후무한 성경입니다.

Ⅲ. 어린이에게도 쉬운 성경이며, 연세가 많으신
　분들이나 시력이 약한 분도 큰 글씨로 잘
　보이는 선물용 성경입니다.

Ⅳ. 12장으로 나누고, 문장의 의미에 따라서
　절을 만들고, 각장에 제목을 붙임으로,
　이해하기 쉬운 새로운 성경입니다.

Ⅴ. 유튜브에 마태 / 누가 / 마가 / 요한 /
　요한계시록 각 구절 강해를 진행하고 있는,
　각 구절 강해 성경입니다.

대표번호　010-3090-8419

https://bethanyecclesia.blogspot.com/